VOL. 3

VIAJE A TRAVÉS DE LA NOCHE

LA PRIMERA LUZ DEL ALBA

ANNE DE VRIES

cantaroinstitute.org

Viaje a través de la noche, Vol. 3: La primera luz del alba,
Anne De Vries (orig. 1951).

Esta edición en español es publicada por Paideia Press,
una editorial del Cántaro Institute, Jordan Station,
Ontario, Canadá.

Primero publicado en holandés como *Reis door de Nacht*,
por G. F. Callenback B. V. de Nijkerk.
Traducido por Daniel J. Lobo.
Ilustraciones interiores por Anthony Hedrick.

Library & Archives Canada
ISBN: 978-1-990771-86-6
Printed in the United States of America

ÍNDICE

CAPÍTULO UNO

JOHN SE SENTÓ A LA MESA CERCA DE LA ventana, pero la cortina estaba cerrada. Con la barbilla entre las manos, bostezó. El tío Herman estaba en el colegio y la tía Haddie se había ido a hacer la compra. Compraba en la zona este de la ciudad porque conocía a un tendero. A veces le dejaba comprar unos kilos de patatas sin cartilla de racionamiento. Valía la pena el largo camino. Luego iba a otra parte de la ciudad, donde había una tienda con un nuevo tipo de café de imitación que se suponía que sabía igual que el auténtico. Probablemente tendría que hacer fila durante mucho tiempo en ambas tiendas. Así que John tenía la casa para él solo por la tarde.

Primero había fregado los platos y barrido el suelo, y luego había hecho algunos ejercicios, con mucho cuidado, por supuesto. Los vecinos, que habían visto salir a sus tíos, no debían darse cuenta de que todavía había alguien en casa. Después había mirado el calendario para saber en qué fase de la luna estaba, pues el tío Herman solo le permitía salir las noches en que estaba muy oscuro. Pero solo era el primer cuarto; tendría que esperar más de una semana, a menos que se nublara. Habría estado major en la cárcel. Al menos allí respiraría un poco de aire fresco todos los días.

Llevaba casi una hora sentado con sus libros, pero no podía concentrarse en sus estudios. Parecía que estudiar sin un objetivo o una dirección específica no tenía sentido.

Pensativo, miró a través de la cortina y hacia la calle. Mira, al otro lado de la calle había un hombre del partido, un miembro del Movimiento Nacional Socialista (M. N. S.). Con su llamativo traje nuevo, se dirigía a trabajar en una de las burocracias creadas por el gobierno de ocupación. También llevaba una flamante bicicleta, ¡el muy parásito! Probablemente engrasó algunas palmas para conseguirla.

El oportunista apoyó la reluciente máquina nueva contra la pared y volvió a cerrar la puerta. Se dio la vuelta y se quedó un momento en el umbral, observando la manzana como un barón que contempla sus dominios. Sonrió cuando un hombre con un mono remendado pasó traqueteando en una bicicleta con neumáticos de madera. Entonces Dapper Dan bajó su preciosa bicicleta de la acera y se deslizó sobre el sillín. Claro, adelante, mira hacia esta ventana, ¡de todas formas no puedes verme! Pero si lo hicieras, pequeño burócrata, ¿me entregarías por treinta florines? ¿O lo harías por nada?

¿Qué hora era ya? Casi las tres. Ya era hora de que volviera a pasar por allí el recolector de colillas, que nunca faltaba. Parecía tener una ruta fija... Efectivamente, allí estaba, justo a la hora prevista. Uno pensaría que un hombre grande y fuerte como él tendría un trabajo en alguna parte. Pero, quién sabe, a lo mejor gana más dinero así, se lleva las colillas a casa todas las noches, les quita el papel y luego mezcla el tabaco con mucha turba u hojas de cerezo picadas. Y luego vende el brebaje en el mercado negro con algún nombre nuevo y elegante.

El cobrador se agachó dos veces en la cuadra para meterse algo en el bolsillo. ¡Lo que la gente no haría por un cigarrillo! A veces, el tío Herman fumaba tabaco de imitación en su pipa. Apestaba toda la casa, olía como un trapo de polvo humeante. Pero había plantado su pequeño jardín de diez por diez lleno de plantas de tabaco, y las cuidaba con mucho más cariño que a sus flores. Cuando fueron liberados... Si alguna vez eran liberados...

Cuanto más tiempo pasaba John encerrado, más pesimista se volvía. En Italia y el norte de África, los alemanes se habían rendido a mediados de mayo. Pero Italia y África estaban muy lejos de Holanda. Y desde entonces los

Aliados habían hecho pocos progresos. La tan anunciada ofensiva de primavera que los alemanes debían lanzar en Rusia parecía haberse esfumado. Incluso estaban perdiendo terreno. ¡Pero todo parecía ir tan lento! ¿Y dónde estaba la invasión? Supuestamente ya llevaba un par de años preparándose. ¿O era todo palabrería? ¿Por qué no llegaban los ingleses y los americanos con esa tremenda fuerza de aviones, barcos de guerra y tropas que Radio Orange no paraba de alabar? ¿Estaban esperando a que los alemanes fortificaran toda la costa europea desde España hasta Noruega?

La construcción de la línea costera occidental estaba muy avanzada. Pronto, enormes fortines de hormigón y barreras de alambre de espino cubrirían toda la costa. El largo muelle de Scheveningen había sido desmantelado y la mayoría de las casas de las playas habían sido destruidas. Miles de personas se habían visto obligadas a evacuar a otras partes del país, entre ellas el tío Herman y la tía Haddie. Los habían destinado a un pueblo pequeño y aislado, donde se alojarían en el cobertizo de herramientas de un granjero.

Pero el tío Herman había tenido la suerte de conseguir un puesto de profesor en Ámsterdam y, tras vivir dos meses en una pensión, le habían dado esta casa adosada. En un tiempo había estado ocupada por una familia judía, pero habían sido de los primeros en ser deportados al campo de concentración de Westerbork. Ahora era su refugio y su prisión. ¿Cuánto tiempo tendría que permanecer aquí? No se vislumbraba el final.

Suspiró, sacó la cartera del bolsillo y estudió una fotografía. Una chica guapa con uniforme de enfermera le devolvía la mirada, los ojos brillantes de buen humor. Rita. ¡Qué chica! Cada vez que se deprimía, miraba la foto y encontraba nuevo ánimo. Si miraba la foto lo suficiente, parecía que ella empezaba a hablarle. «No te rindas, John», le decía. «Ahora es duro, pero no durará para siempre. Te quiero. Y un día...»

Se volvió hacia la siguiente fotografía. El campo y una casa blanca entre árboles frutales. Frente a ella, toda su familia: su padre, su madre, él mismo, Fritz, Tricia, Hanneke, Trudy, la pequeña Hansie y un anciano con un rastrillo: el tío Gerrit. ¡Qué casa más bonita había sido! ¿Hacía solo dos meses que vivían allí todos juntos? Parecía mucho, mucho más tiempo. Podrían seguir viviendo juntos en paz como una familia si —sí, también podía decirlo— su padre no hubiera prestado atención a la guerra, siguiendo como siempre, como el tío Herman.

¡Pero no su padre! No podía soportar ver cómo se cometían injusticias y no intentar cambiar las cosas. Tampoco podía cerrarle la puerta a la gente con problemas. Y antes de que se dieran cuenta, toda la familia estaba metida hasta las orejas en el movimiento de resistencia, difundiendo periódicos ilegales, acogiendo a buzos, escondiendo octavillas inglesas, ayudando a judíos. Todo había salido bien hasta que Wallinga, su vecino nazi, les traicionó.

John recordaba cada detalle de aquel día tan vívidamente como si hubiera sido el día anterior. Al final de la huelga general, el padre había convocado a todos los trabajadores de la resistencia local para discutir la explosiva situación. Al ver todas las bicicletas, Wallinga había avisado a los alemanes. Si no les hubieran avisado justo a tiempo, ahora estarían todos en un campo de concentración alemán. O algo peor.

Cerrando los ojos, John revivió aquellos terribles momentos. Tirando de su hermana Hanneke con una mano y de Marie, su pequeña refugiada judía, con la otra, había corrido por el huerto hacia el bosque. Entre los pinos se detuvo a esperar a los demás. Estaba tranquilo y, sin embargo, el miedo se alojaba en su pecho como una bala en el esternón. William, un estudiante de medicina que había estado viviendo con ellos, se apresuró a avisar a los Liebstadt, una familia judía que vivía en el bosque en una caravana.

Luego llegó Tricia, con Hansie a cuestas, y pisándole los talones venía su madre, con un brazo lleno de sábanas que había arrancado del tendedero. Fritz venía resoplando con Trudy a la espalda. Por último llegó su padre, con un gran revólver azul en la mano. Cogió la mano de Marie y le gritó a John que siguiera.

Mirando hacia atrás, John vislumbró un gran camión gris que entraba en el patio. Luego estaba entre los árboles. Llevando a Hanneke detrás de él, corrió por el sinuoso sendero. De repente, Hanneke empezó a llorar. Rápidamente la levantó y la llevó en brazos, con la mano sobre la boca. Pronto alcanzaron a William y a los Liebstadt. El anciano necesitaba ayuda, así que John volvió a coger a Marie y el padre ayudó al señor Liebstadt. Detrás de ellos oyeron un disparo y unos gritos apagados, y luego una ráfaga de disparos. Después, los disparos no cesaron. El tío Gerrit y David, el piloto americano, debieron de iniciar un tiroteo para darles más tiempo para escapar. ¡La distracción funcionó! En fila india se escabulleron a través de campos de trigo y maizales, siguiendo cortavientos y setos hasta llegar a la granja Hoving, donde se escondieron en el granero. A lo lejos vieron el humo de la casa en llamas que se elevaba por encima de los pinos.

Pero no estarían a salvo en casa de los Hoving, pues los alemanes podrían rastrearlos fácilmente con perros. Pronto todos subieron a un carro de labranza, se cubrieron con paja y Hoving los condujo a otro pueblo, donde fueron acogidos por uno de los ministros locales. Esa misma noche recibieron la noticia: la casa había ardido hasta los cimientos y David estaba muerto. Encontraron su cuerpo entre las cenizas.

Los alemanes estaban furiosos: un soldado había muerto y otro estaba gravemente herido. Un tercero había recibido un balazo en el hombro. Wallinga también había muerto, pagado en el acto por su traición. Los refuerzos alemanes habían llegado de la ciudad y en pocas horas habían empezado a registrar todas las casas de los alrededores. No se sabía nada del tío Gerrit. Al parecer, había ardido con la casa.

Pero en mitad de la noche, alguien golpeó suavemente la ventana de la casa parroquial y silbó la primera línea del himno nacional. Cuando abrieron la puerta, allí estaba el tío Gerrit. Tenía quemaduras leves en la cara y las manos, pero estaba muy contento de ver a toda la familia a salvo. Había conseguido escapar por el túnel que había construido para David. Sí, David se había quemado con la casa, pero ya había muerto, asesinado por una bala alemana.

Al día siguiente, el tío Gerrit volvió a la casa quemada para ocuparse del huerto y los animales. El garaje y su pequeño apartamento encima del garaje seguían intactos. Nadie sospecharía que había sido él quien había disparado, y sería lo bastante listo como para llevar a los alemanes de las narices.

En los días siguientes, la familia había sido separada y enviada a diferentes direcciones. Ahora eran vagabundos sin hogar. Habían mostrado hospitalidad a muchas personas; ahora tendrían que depender de la hospitalidad de otros. El padre y John fueron advertidos de que sus fotos aparecerían en el boletín de la policía; serían buscados como terroristas y asesinos. Se había dado prioridad a su captura y detención, por lo que no era seguro que se quedaran cerca de su ciudad natal.

Van der Mey, un policía que trabajaba para la resistencia, los llevó a Zwolle en su auto. William llegó hasta Meppel, donde esperaba alojarse con unos amigos. John y su padre habían cogido un tren a Ámsterdam y habían llegado sanos y salvos a casa del tío Herman y la tía Haddie. Tío Herman no podía negarse a acoger a su sobrino, pero estableció dos reglas básicas: John no debía tener nada que ver con «esas tonterías de la resistencia», y nunca debía poner un pie fuera del apartamento sin el permiso de su tío. John no tuvo más remedio que aceptar. Además, después de todo lo que había pasado, estaba harto del trabajo de resistencia.

De eso hacía casi dos meses, y en todo ese tiempo no había visto a nadie de la familia. Rita había hecho dos viajes desde Róterdam para verle. Habían sido días maravillosos. De vez en cuando recibía una carta de su madre, que le enviaba Van der Mey. Y también podía escribirle a ella a través de Van der Mey. Ella seguía viviendo en la casa parroquial con los dos hijos menores, pero no tenía ni idea de dónde se escondían él y su padre. De ese modo, si la encontraban los alemanes, podría decir sinceramente que no sabía nada del paradero de su hijo y su marido.

Le escribió al padre a la misma dirección, pero él le contestó directamente, una vez desde Zwolle y otra desde Utrecht. Así que el padre no tenía una dirección fija; debía seguir activo en el trabajo de resistencia. Si el padre podía hacerlo, ¿por qué no él? Aquí solo estaba perdiendo el tiempo.

John había estado preparado para sus exámenes finales del instituto, pero ahora no podría hacerlos. Estaba estudiando historia; siempre había sido su asignatura favorita, y una vez tuvo la intención de especializarse en ella en la universidad. Pero ahora no hacía más que avanzar lentamente. ¿Cómo podía concentrarse en la antigua Grecia y las guerras persas cuando todo el mundo moderno se estaba convirtiendo en escombros?

«Ya has hecho tu parte», le había dicho el tío Herman. Pero, ¿era cierto? ¿Había hecho alguna vez su parte? Sentado allí, solo tenía una ligera idea de cómo iba la guerra. Después de la huelga general de mayo, se había ordenado a toda la gente que entregara sus radios. Aunque el tío Herman no había entregado la suya, estaba demasiado asustado para guardarla en casa, así que la había envuelto y enterrado en el jardín. Los periódicos solo publicaban lo que los nazis querían que la gente leyera: mentiras, en su mayoría. Y los informes que el tío Herman traía de la escuela, ¿hasta qué punto eran creíbles? La ciudad estaba llena de rumores.

Pero recientemente alguien había estado dejando caer un periódico de la resistencia en el buzón, un periódico que John nunca había visto antes. Se llamaba *Verdad*. Unas cuantas veces había logrado conseguirlo antes de que el tío Herman pudiera destruirlo. Había guardado esos ejemplares en su escondite del desván, detrás de un par de vigas, y a veces subía allí para leerlos una vez más. Entonces, durante un rato, se sentía uno con sus amigos de la resistencia, ese ejército anónimo de hombres que, aunque no se conocían, estaban unidos en su lucha.

Pero ahora se había visto obligado a abandonar ese ejército, quizá para siempre. Era como un soldado que había quedado fuera de combate.

Suspiró y trató de volver a concentrarse en su libro.

¡Ring-ring-ring-rrring! ¡Había alguien en la puerta! Tres cortos y uno largo: ¡el primer compás de la Quinta Sinfonía de Beethoven y el código Morse de la V, o victoria!

Se levantó de un salto, con el corazón latiéndole con fuerza. Era la primera vez en dos meses que oía esa señal. ¿Quién podía ser? La señal significaba que la persona que llamaba era sana. ¿O era un truco para que se acercara a la puerta?

Se deslizó hasta el suelo, gateó bajo la mesa hasta el otro lado de la ventana y se asomó por detrás de la cortina. ¡Ring-ring-ring-rrring! La misma señal. En la puerta, de espaldas a la ventana, había un hombre con un maletín bajo el brazo. Llevaba un impecable traje gris. Pero había algo familiar en él. John corrió la cortina y ahora pudo ver el pelo rojo. Por supuesto. Cruzó corriendo la habitación, se deslizó por el pasillo y abrió la puerta de un tirón.

—¡William! —gritó jubiloso.

—Hola, John. ¡Sorpresa!

John le abrazó y tiró de él hacia el pasillo. Se golpearon los hombros y se pincharon en las costillas. Hacía un minuto se había sentido miserable y se había compadecido de sí mismo, y ahora... ¡aquí estaba su mejor amigo! Apenas podía creer lo que veía.

—¡Pelirrojo feo, sigues siendo tan malo como siempre! —dijo John, riendo encantado—. ¡No has cambiado nada!

—Pero tú sí —dijo William—. Estás flaco como una tapia. Mira, me he despellejado los nudillos en tus huesudas costillas. ¿Has estado enfermo o algo?

—No, eso viene de vivir con raciones de ciudad —dijo John, sonriendo—. Ven, vamos al salón. Y baja la voz, o los vecinos pensarán que hay un buzo escondido aquí. Siéntate. Siento no poder ofrecerte café, pero es que...

Como siempre, a William le gustaba hacer el papel de hombre rico. Poniendo cara de bondad, abrió su maletín y alineó dos chocolatinas sobre la mesa.

—Una para ti y otra para mí —dijo—. Parte y comparte, así será a partir de ahora.

—¿De dónde las has sacado?

—No preguntes —dijo William—. ¡Por nuestro reencuentro! ¿Cómo va todo? Sí, ya lo sé. Pero al menos estás vivito y coleando. Pero puedes despedirte de estas cuatro paredes. ¡Te vienes conmigo!

—¡Es broma! —John sintió que la sangre se le subía a la cara.

—¡No, de verdad!

—Pero... pero se supone que no debo mostrar mi cara en la calle.

—Tonterías. Mucha gente te vio la cara cuando venías hacia acá, ¿no?

—Pero me están buscando. Ya sabes. Mi foto ha salido en el boletín de la policía.

—¿Y qué? A mí también me buscan. Y mi foto también ha salido en el boletín de la policía, pelirrojo y todo. ¿Tú qué crees? ¿Que todos los policías van por ahí con tu foto en el bolsillo? Los alemanes tienen fotos de la mitad de la población. No hay manera de que la policía pueda hacer un seguimiento de todas esas caras. Claro, si te detienen por algo, hay una posibilidad de que te reconozcan de sus archivos. Pero no vamos a hacer nada tonto para que nos detengan, ¿verdad? Espero que tengas una buena identificación. ¿Cuál es tu ocupación en este momento?"

—Profesor. Mira, aquí está...

—Así que me robaste el trabajo, ¿eh? Bueno, me he convertido en inspector de ferrocarriles. ¡Un trabajo mucho mejor! Puedo viajar gratis a cualquier parte del país. ¡De verdad! Echa un vistazo. ¿Cómo se llama tu escuela?

—¿Qué?

—Bueno, si eres profesor, tienes que enseñar en algún lugar.

—¡Oh, claro! Veamos... Digamos que enseño en la Escuela Abraham Kuyper.

—No, no «digamos» o estás en la escuela Abraham Kuyper o no estás. Enseñas tercer curso, tu director se llama el Sr. Jansen, y tienes el aula al final del pasillo. Y cuando viajas conmigo, tu historia es que te han dado el día libre para visitar a tu madre porque está enferma. ¡Esa identificación solo vale algo si tú mismo te la crees! Pero todo eso ya lo sabes. Anda, ve a hacer la maleta.

—Sí, pero... mi tío me ha prohibido poner un pie fuera de la puerta.

William se echó a reír.

—Pobre chico —se burló—. ¿No te dejará tu tío malo salir a jugar con los demás niños?

—¡De verdad! Tuve que prometérselo.

—¿Qué tuviste que prometer?

—Que no tendría nada que ver con el trabajo de resistencia y que no pondría un pie fuera de la puerta.

—¿Cuánto tiempo llevas aquí?

—Desde el día que nos fuimos con Van der Mey.

—¿Y has estado encerrado aquí desde entonces? No me extraña que tengas un aspecto tan enfermizo. ¿Nunca has salido desde entonces?

—No mucho.

—¡Estás loco, amigo! —explotó William—. Así que hiciste tu promesa. ¿Tienes intención de mantener esa promesa?

John no contestó.

—¿Qué pasa si no lo haces?

—Entonces puede que no vuelva.

—¿Y qué? ¿Quién ha dicho nada de volver? Escucha, ¡te necesitamos!

—¿Para qué?

—Una travesura.

—¿Una travesura?

—¡Sí! Vamos a robar un centro de distribución. Necesitamos cartillas de racionamiento. Realmente no es muy peligroso, todo está muy bien planeado. John, te lo digo, ¡tenemos un grupo de primera! ¡Y nuestra casera es estupenda! Tiene setenta años. Pero nos falta un hombre, así que le hablé de ti a nuestro jefe. Me dijo: «¡Ese es nuestro hombre! ¿Cómo lo encontramos?» Así que aquí estoy. He venido a llevarte.

—¿Adónde?

—Ya lo verás. Todo lo que puedo decirte ahora es que está cerca de Amersfoort.

—¿Pero cómo me encontraste, William?

—No te preocupes —sonrió William—. Conozco a una guapa señorita que lo sabe todo sobre ti.

—¿Rita?

—¿Cómo lo has adivinado?

—¿Quieres decir que has estado en Róterdam?

—Claro, ¿por qué no?

—¿No temías que te reconocieran?

—Escucha, John, ya es hora de que salgas de aquí. Si no, muy pronto no te atreverás a hacer. Eso es lo que pasa cuando la gente se esconde y no tiene otra cosa que hacer que pensar en sí misma. ¡Tenemos trabajo para ti, hombre! ¡Ahora muévete! Ve a afeitarte. ¡Pareces un vago! Necesitas un corte de pelo también, pero nos ocuparemos de eso más tarde. ¿No tienes nada para beber? Seguro que eres un pésimo anfitrión.

—Tenemos té de imitación.

—No, gracias. Prefiero beber agua. ¿Y bien? ¿Te has decidido?

—Déjame pensar un minuto —dijo John. Todo estaba sucediendo muy rápido.

Se levantó y fue al baño a afeitarse. Esperaba que William le dejara en paz un rato. El júbilo de su corazón seguía siendo inundado por una ola fría y turbia de pensamientos temerosos.

Se enjabonó la cara, mirándose al espejo. Dos ojos ansiosos le devolvieron la mirada. «Sabes lo que significa si sigues con William. No hay vuelta atrás. Pronto volverás a estar metido hasta el cuello en el trabajo de resistencia, incluso más que antes. Te lo estarás jugando todo: tu futuro, Rita, tu vida. ¿Recuerdas lo que sentías al huir de los alemanes? Así será, todos los días».

«Pero al menos sería un hombre libre», le respondió al rostro del espejo. «Al menos no tendría que avergonzarme cuando pienso en los demás que están arriesgando sus vidas. ¿Qué hago aquí, malgastando mi tiempo?».

Clavó una brocha llena de espuma en el espejo. Luego volvió al salón y puso una cuchilla en la maquinilla. William estaba tumbado en el sofá, con las manos detrás de la cabeza.

—¿Qué vas a hacer con todas esas cartillas de racionamiento, si las consigues?

—Las conseguiremos —le aseguró William—. Las cartillas de racionamiento se distribuirán por todas partes para ayudar a cuidar a los pobres buzos que, como tú, se han visto obligados a esconderse. ¿Por qué?

—Solo me preguntaba. Por aquí hay que pagar 100 florines por una cartilla de racionamiento en el mercado negro.

—¡Hay que azotar y desollar a esos comerciantes del mercado negro! —dijo William, con un filo de acero en la voz—. Bueno, ¿te has decidido?

—No sé... —John se levantó y entró en el cuarto de baño para terminar de afeitarse. William le siguió y se sentó en el taburete.

—Cada miembro del grupo recibe doble cartilla de racionamiento —le dijo a John—. Y las necesitamos. A menudo es lo que tenemos que pagar a la gente para que nos dé de comer. Somos bastante generosos con nuestras raciones de tabaco, pero eso no le importa a nadie. A veces las usamos como soborno. Nunca hemos vendido una sola cartilla de racionamiento. ¿Pensaste que tal vez estábamos traficando en el mercado negro?

—Bueno, ¿no estudiabas medicina porque querías hacerte rico rápidamente? —se burló John—. Me gustaría poder hablar con Rita y...

—No hace falta —dijo William con suficiencia—. Ya me he ocupado de eso. ¿Sabes lo que dijo? «¡Sácalo de ahí! Se está muriendo de miedo en esa casa. Lo sé por sus cartas. John no soporta estar encerrado».

—¿De verdad dijo eso?

—¿Mentiría? Bueno, ¿qué me dices?

Aún no se decidía. Así era él: indeciso. Toda su vida había luchado por superar la inclinación a dudar.

Pero William sabía que una vez que John había tomado una decisión, podías contar con que la mantendría. Así que esperó pacientemente y vio cómo John preparaba el té y ponía la mesa como un criado obediente. Entonces oyeron girar una llave en la puerta principal. Eran los tíos de John que llegaban a casa al mismo tiempo.

La tía Haddie le dio una calurosa bienvenida a William, pero el rostro del tío Herman se puso rígido cuando lo vio. Ambos lo conocían de la época en que habían pasado dos semanas con los De Boer durante sus últimas vacaciones de verano. William había sido el que estaba escondido entonces.

—Pensé que sería mejor visitar a John y ver cómo estaba —explicó William.

—Hmm, sí, por supuesto —dijo el tío Herman.

Y entonces empezó a hacerle preguntas a William. ¿Cómo consiguió su dirección? ¿A qué hora había llegado? ¿Lo vio entrar el hombre de enfrente? Mientras William respondía a las preguntas del tío Herman con una sonrisa, John se retorcía de vergüenza por el evidente miedo de su tío.

—Está bien —concluyó finalmente el tío Herman—. Lo siento, ¿Sr...?

—Solo llámeme William.

—Bueno, verá, William... Permítame ser sincero. Espero que me entienda bien, pero no estoy seguro de que deba dejarse ver por aquí. No se lo tome como algo personal, pero preferiría que no volviera. Verá, ya hemos pasado bastantes penurias, con la evacuación y demás. No quiero parecer inhóspito, pero...

William se levantó.

—Bueno, señor —dijo—, ya que ha sufrido tantas penurias. No quiero causarle más ansiedad. Será mejor que me vaya.

Se dirigió hacia la puerta. De repente, John supo lo que iba a hacer.

—Espera un minuto, yo también voy —llamó a William—. Tío Herman, lo siento, pero tengo que romper la promesa que te hice. Tampoco tendrás que preocuparte más por mí.

La tía Haddie y el tío Herman se quedaron mirándole, sorprendidos.

—¡No puedes hacer eso! —soltó el tío Herman—. Le prometí a tu padre que velaría por tu seguridad.

—A papá le parecerá bien —dijo John—. O al menos, lo entenderá. William me necesita.

—William puede encontrar a otro —replicó el tío Herman.

—Claro —dijo William—, eso es lo que dice todo el mundo. Que otro saque las castañas del fuego.

John se había decidido. Y aunque su tío no dejaba de insistirle para que no se fuera, John se daba cuenta de que en realidad no le disgustaba perder a su peligroso inquilino.

Al final, se contentó con dejar marchar a John después de que le prometiera que tendría cuidado, como si fuera un niño pequeño que sale a la calle por primera vez. También le pidió que no se marcharan antes del anochecer, lo que a William le pareció bien. Cogerían el último tren.

John metió sus cosas en una bolsa y llegó la hora de cenar. El rato que siguió a la cena fue un interludio incómodo. El tío Herman por fin empezó a corregir un montón de trabajos de los alumnos. Esto le dio a William una idea repentina, ya que se suponía que John iba a ser profesor, debería llevar algunos papeles en su maletín. El tío Herman sacó unos viejos exámenes, pero solo después de discutirlo.

Cuando por fin llegó la hora de partir, John no lamentó tener que despedirse, aunque su tío le dio un largo y emocionado apretón de manos. Las lágrimas de la tía Haddie eran de verdad, y se quedó en la puerta saludando con la mano hasta que el tío Herman la metió dentro.

—¿Dónde vive ese nazi que tanto preocupa a tu tío? —preguntó William.

John señaló al otro lado de la calle.

—¿Es esa su bicicleta?

—Sí —dijo John.

Respiró hondo y se sintió como si se hubiera quitado un gran peso de encima. Se sentía como un hombre nuevo que empezaba una nueva vida. Le entraron ganas de correr por la manzana de la alegría o de darle a William un buen golpe en la cabeza con su bolsa de mano...

Pero, ¿dónde estaba William? Se había parado de repente.

—Adelante —dijo—. Te alcanzaré en un minuto.

—¿Qué pasa?

—Olvidé algo. Toma, lleva mi maletín.

William se apresuró a volver a la calle y fue engullido por la creciente oscuridad. «¿Qué se le habrá olvidado?», se preguntó John. Siguió paseando, sintiéndose expuesto. Finalmente, se detuvo y miró hacia la acera para ver si su amigo llegaba. ¡Rrring! Era el timbre de una bicicleta justo a su lado.

—Suban a bordo —dijo William—. ¡Tenemos prisa!

¡Loco William! ¿No había nada sagrado para él? Sonriendo, atravesaron la oscura ciudad en la hermosa bicicleta del burócrata nazi.

CAPÍTULO DOS

WILLIAM COMPRÓ UN BOLETO PARA John y pagó los gastos de envío de la bicicleta. John envidiaba la seguridad en sí mismo de William. Mientras lo seguía por los mal iluminados rellanos, se sentía visible y vulnerable. Pero William avanzaba como si no tuviera preocupaciones ni enemigos en el mundo.

El tren estaba esperando y listo para partir. William eligió un vagón de segunda clase y le abrió la puerta a John. El vagón estaba iluminado por una luz del tamaño de un mechero; apenas se veía a los demás pasajeros.

John se sentó tranquilamente en su rincón, pero le invadió una cálida sensación de volver a pertenecer a algo. Sibilante y chirriante, el tren avanzaba por la oscura campiña.

Cuando bajaron, los aviones zumbaban sobre sus cabezas. William tenía prisa porque quería volver antes del toque de queda. Sacó su propia bicicleta del almacén y le dio a John la que le habían robado al vecino de su tío. La nueva bicicleta iba de maravilla y la idea de que el atildado nazi recorriera Ámsterdam para encontrarla no empañó lo más mínimo el disfrute de John. Pedaleaban uno al lado del otro, a toda velocidad por las oscuras carreteras.

John no tenía ni idea de dónde estaban. Ahora pedaleaban en silencio por las calles de una gran ciudad rural. El tejado de la iglesia ondulaba a la luz de la luna. Una casa tras otra pasaban relampagueantes. De un jardín negro llegaban los ladridos de un perro. Finalmente, William tomó un estrecho sendero entre dos setos y desmontó para abrir una verja. Atravesaron un jardín y llegaron a tientas a un cobertizo donde aparcaron las bicicletas.

Un perro gruñó por lo bajo, pero cuando William le dirigió unas palabras tranquilas, se calmó. John sintió que el gran perro guardián le olfateaba los zapatos. No se veía ni un rayo de luz en ninguna parte de la casa; parecía como si todos se hubieran ido a la cama. Pero cuando William hizo la señal de la V en la puerta, John oyó que un cerrojo se deslizaba hacia atrás y entraron en una cocina oscura y en un delicioso olor a comida. De repente, la habitación se inundó de luz y John se parpadeó ante el rostro de una frágil anciana, que abrazó primero a William y luego a él.

—Así que aquí estás, muchacho —dijo, mirándolo—. Vaya, vaya, sí que pareces pálido, pero cambiaremos eso enseguida. Sí, ¡huele esto! Te he guardado un poco de mi guiso de judías. Te gustan las judías verdes, ¿verdad? ¡Qué bien! No tienes que llamarme señora. Aquí solo somos gente trabajadora.

—Todos la llamamos tía Nellie. Así es como a ella le gusta. ¿Verdad, tía Nellie? —dijo

William—. Hagas lo que hagas, no la llames abuelita, porque entonces te pondrá gravilla en la sopa.

—Bueno, ¿parezco una abuelita? —dijo girando las caderas y moviendo las pestañas como una jovencita coqueta. Golpeó a William cuando intentó plantarle un beso en la mejilla—. ¡Cógelo! Siempre sabes cómo hacerme empezar. Vamos, lleva a John al comedor, dale una silla y despeja una esquina de la mesa para que puedan comer.

Dos jóvenes estaban sentados a una mesa estudiando un mapa, mientras un tercero estaba sentado frente a ellos escribiendo. Cuando John se acercó a ellos, vio que otro tipo se escabullía por la puerta.

—¡Sigue sin gustarme! —le gritó el escritor.

—¡Ah, silencio! —volvió una voz desde el pasillo—. Cinco minutos.

—¿Qué le pasa? —preguntó William.

—Oh, nada —respondió uno de los otros—. Ya verás.

Mientras lo presentaban, John estudió a cada uno con detenimiento. El escritor, un tipo alto y de aspecto fuerte, parecía ansioso por ser su amigo y le dio un apretón de manos tan entusiasta que John casi hizo una mueca de dolor. Mientras hablaba con John y William ponía la mesa, los otros dos cuchicheaban entre sí. Aunque no dejaban de señalar el mapa, John no pudo evitar la sensación de que hablaban de él. Uno de ellos era delgado y de rasgos finos, con ojos agudos y brillantes. El otro rondaba la treintena, con entradas y un rostro pálido y demacrado. Miró el reloj, se levantó y cogió a John del brazo, diciendo:

—¿Me acompañas un momento, por favor?

—¿Qué está pasando? —preguntó William.

Pero no obtuvo respuesta. El hombre sacó a John al vestíbulo, abrió una puerta y le indicó que entrara.

La puerta se cerró detrás de John y se encontró en una habitación con una mesa redonda en el centro. Sobre ella había un jarrón lleno de flores a medio marchitar. Miró a su alrededor, perplejo, y acababa de decidirse a marcharse cuando una cortina se movió y, de repente, apareció ante él un oficial de las *SS* alemanas. El hombre le apuntó con un revólver y ladró:

—¡Manos arriba!

Por un momento la habitación pareció girar alrededor de John, pero fue solo un instante. Los pensamientos pasaron por su mente. ¿Era William un traidor? ¡Imposible! Entonces él también había sido engañado. ¿Se habían apoderado de la casa mientras William no estaba? ¿Pero qué hay de la agradable anciana en la cocina? No tenía sentido. ¿Era todo una pesadilla? El revólver gris acero, sin embargo, era muy real y también lo eran los duros ojos del oficial de las *SS* cuando gritó:

—¡Manos arriba! —por segunda vez.

Las manos de John se alzaron, pero su mente preguntó bruscamente:

—¿Cómo voy a salir de aquí?

—¿Qué haces aquí? —preguntó el alemán, acercándose. Se oyó un ruido en la puerta; el hombre desvió la mirada un segundo y John saltó hacia delante, golpeando la mano del hombre con la pistola. Pivotó, agarró al alemán por las solapas y lo lanzó sobre su cadera. El alto oficial salió volando por encima de un gran sillón y, al caer al suelo, John abrió la puerta de un tirón y se zambulló en el vestíbulo. Cayó en medio de una maraña de brazos y cuerpos.

Dio un grito de miedo y se agarró al brazo más cercano, pero entonces quedó sepultado bajo un montón de jóvenes que gritaban y reían. Le habían tomado el pelo. John se desmayó de alivio, pero seguía nervioso. Todos le hablaban al mismo tiempo. Así que a eso se debían todos los murmullos y por qué aquel tipo se había escabullido de la habitación al entrar.

El falso oficial de las *SS* entró cojeando en el vestíbulo agarrándose la caja torácica. John aún se tensó involuntariamente al ver el uniforme gris. Se rió junto con los demás, pero fue un poco forzado.

El grandullón del fuerte apretón se rió del uniformado.

—¡Te lo mereces! Les dije que era un truco sucio.

—Te dije que sabía judo —dijo William—. ¿No me creíste?

La víctima de John le tendió la mano.

—Espero que no te ofendas —dijo—. Solo quería ver cuánto valor tenías. ¡Pues lo has conseguido! Oye, si puedes enseñarme a hacer eso, nunca me haré a un lado por otro alemán. Vaya, debo haber sido convincente, ¿eh? Ay, creo que tengo un par de costillas rotas.

Nadie sintió lástima por él, excepto la tía Nellie, que le frotó un poco de linimento en las costillas magulladas después de servirles la cena a William y John. John apenas tuvo tiempo de comer, el grupo estaba tan ocupado acosándole a preguntas. Le preguntaron sobre las cosas que había estado haciendo, su familia, sus estudios, sus experiencias pasadas en la resistencia y otros detalles de su vida. Al mismo tiempo, todos contaron algo sobre sí mismos.

John se dio cuenta de repente de que había causado una buena impresión y de que le estaban aceptando como miembro en pleno derecho del grupo. Era más de medianoche cuando la tía Nellie los mandó a la cama. Estirado en el catre de la esquina del ático, John se sintió vivo y agradecido. La seguridad que sentía aquí era diferente y más profunda que la que había sentido en casa del tío Herman.

En los días siguientes, John llegó a conocer a todo el grupo, y no tardó en descubrir los puntos fuertes y débiles de cada uno. Estos siete hombres, llegados de todos los rincones del país por la dislocación de los tiempos, tenían pocos secretos entre sí. Cada uno de ellos sabía que su vida dependía de la de los demás. Tal vez por eso hablaban tanto: para unirse en mente y voluntad de modo que nada ni nadie pudiera separarlos.

El tío Henry era el líder del grupo, un hombre bajo y musculoso de unos cuarenta años. Su rostro rubicundo de granjero y sus claros ojos azules destilaban una esperanza obstinada e irreprimible. La noche de la llegada de John, había ido a una reunión con otros líderes de la resistencia. Pero cuando regresó a la mañana siguiente, apartó a John de la mesa del desayuno y habló con él durante hora y media. Fue una nueva prueba para John, mucho más exhaustiva que la de la noche anterior. El líder del grupo pronto supo todo lo que quería saber sobre John. Lo extraño era que John apenas era consciente de haber dicho gran cosa. Toda la entrevista había sido muy informal y el tío Henry había hablado tanto como John.

John se enteró de que, de niño, al tío Henry le fascinaban las historias del mar. A los catorce años se había escapado de casa en busca de un barco. Sin embargo, su padre lo había atrapado y lo había devuelto a casa, donde se había visto obligado a ser aprendiz de su padre, herrero.

Más tarde quiso alistarse en el ejército, pero su padre también se opuso. Y cuando llegó el momento de la llamada a filas, no le aceptaron. Así que se resignó a su suerte y finalmente se hizo cargo del taller de su anciano padre.

Cuando los alemanes invadieron el país, se implicó inmediatamente en la resistencia. El día crítico llegó cuando le ordenaron entregar a los alemanes una lista de sus empleados para destinarlos a trabajar en Alemania. Se negó y fue detenido, pero logró escapar y se escondió. Ahora se movía de un lugar a otro con su escuadrón como un capitán con su barco.

El tipo que había interpretado el papel del oficial alemán era Leo Keizer. Su padre tenía una carnicería en el norte. Cuando recibió un aviso de reclutamiento para presentarse a trabajar en Alemania, sus padres decidieron que debía ir. Pero en lugar de eso se había refugiado con un amigo que vivía en la misma ciudad que el tío Henry. Leo empezó a ayudar en el trabajo de resistencia, y cuando el tío Henry pasó a la resistencia, Leo se reunió con él en casa de la tía Nellie.

El nombre completo de Joe era Joseph Martin Van de Mortel. Era un hombre fuerte y amable, con un fuerte apretón de manos. Había sido policía en una gran ciudad del sur del país, en Brabante. Un día le habían asignado acompañar a dos inspectores del M. N. S. en una búsqueda de buzos judíos en casa de un granjero. Al descubrir a un niño de cuatro años acurrucado en un armario, cerró la puerta con llave y se la dio a la mujer del granjero. Pero entonces uno de los inspectores insistió en mirar él mismo en el armario y, cuando el granjero dijo que había perdido la llave, el hombre lo abrió con un hacha. Joe no había planeado hacer nada. Pero cuando el nazi sacó al niño del armario por una pierna y empezó a pegarle, algo se rompió. Joe se puso delante del inspector y le dijo: «¡Vas a soltar a ese niño!». Y cuando el hombre se negó, Joe le disparó. Cuando el otro nazi salió corriendo de la casa, Joe le disparó pero falló. Luego se subió a su bicicleta y corrió hacia la cercana estación de tren. Se las arregló para coger un tren que estaba saliendo. Se dirigía al norte, así que allí se fue.

En el tren le atormentaban las dudas sobre lo que había hecho. Cuando el tren se detuvo en un pueblo con una iglesia católica cerca de la estación, saltó y fue a la iglesia a confesar su pecado de asesinato.

Después de oír su confesión, el cura le preguntó:

—¿Qué pasó con el otro inspector?

—No le di —dijo Joe.

—Lástima —dijo el sacerdote, y le concedió la absolución.

Joe siguió viajando con el corazón más ligero. Después de ir de un lugar a otro, acabó en casa de la tía Nellie.

Pete Kamphuis, el tipo pálido que había guiado a John por el pasillo aquella noche, era un hombre asustado. Al menos, eso es lo que él mismo decía. «Todo lo que he hecho», decía a menudo, «lo he hecho por puro terror». Había sido jefe de una oficina de distribución en algún lugar de la provincia de Overyssel y había estado pasando de contrabando cartillas de racionamiento al movimiento de resistencia.

—La verdad es que no me atreví a hacerlo —les dijo—. Pero tampoco me atreví a decir que no a aquellos duros trabajadores de la resistencia. Poco a poco, cada vez más gente se escondía, por lo que la resistencia necesitaba cada vez más cartillas de racionamiento. Fui demasiado lejos, y sabía que un día aparecerían los auditores. Tenía miedo de esperar ese día, así que huí. Sí, me llevé todas las cartillas de racionamiento que había en la oficina, pero solo porque tenía miedo de lo que dirían mis amigos si las dejaba.

A veces Pete se quedaba sentado mirando al vacío, sin oír una palabra de lo que decían los demás. Había dejado atrás a su mujer y a su hija de cuatro años, y llevaba casi seis meses sin verlas.

—Me temo que pronto dejarán de conocerme —le dijo a John.

Pete permanecía cerca de Robert Brand,
quien afirmaba que no sabía lo que significaba
tener miedo. Su rostro sensible se ensombrecía
y sus ojos brillaban de odio cuando hablaba de
la ideología del nacionalsocialismo.

Había sido estudiante en Delft. Cuando
todos los profesores judíos fueron expulsados
de la facultad, se convirtió en uno de los líderes
de la huelga estudiantil que finalmente forzó el
cierre de la universidad. Posteriormente trabajó
para un periódico estudiantil secreto, viajó por
todo el país con un pequeño grupo de teatro
y empezó a distribuir el periódico comunista
de la resistencia llamado *La Verdad*. En el proceso, se hizo muy hábil falsificando carnés de
identidad. También había ayudado a aviadores
ingleses a regresar a Inglaterra y había lanzado
bombas a camiones alemanes.

Una vez el S. D. había rodeado una casa
que él estaba visitando. Le estaban buscando.

No encontró dónde esconderse en la vivienda y corrió a la habitación de una chica. Allí se puso un vestido, tomó prestado un bolso, se ató un pañuelo y salió por la puerta principal con pasos pequeños y femeninos. Pasó entre los alemanes y se alejó. Desde entonces se había encariñado tanto con su disfraz femenino que se había hecho una identificación extra con el nombre de Evelyn Adams.

De no haber sido por la guerra, estos jóvenes probablemente nunca se habrían conocido. Pero ahora se estaban moldeando en una sola familia, con el tío Henry como padre y la tía Nellie como madre.

La tía Nellie nunca parecía asustarse y podía hacer una actuación brillante. Poco después de la llegada de John, lo llevó a la ciudad para comprarle ropa. Caminaron por la calle cogidos del brazo. Ella había decidido hacerlo pasar por el hijo de su difunta hermana. De camino al centro se cruzaron con una amiga de ella, que se detuvo a charlar un momento.

—¡Adivina qué! —dijo su anciana amiga—. ¡Ayer vino alguien y me preguntó si esconder

ía un buzo en mi casa!

—¡Oh, Dios mío! —gritó la tía Nellie—. ¿Y qué has dicho? No lo hiciste, ¿verdad?

—¿Por qué no? —dijo su amiga—. ¿No te parece adecuado? Hoy en día casi todo el mundo tiene un buzo. Lo que sí le dije al buzo fue que no podía seguir con ese negocio ilegal. «Tienes que ser bueno si te quedas aquí», le dije.

—¡Ya lo creo! Sí que tienes valor —le dijo la tía Nellie, apretando el brazo de John—. Pero si yo fuera tú, me lo callaría. Si tuviera buzos en mi casa, estaría alerta cada minuto. Seguro que no se lo contaría a nadie, ni siquiera a mis amigos más íntimos.

Los primeros días no había nada que hacer. Los hombres se quedaban en casa, leían un poco, ayudaban a la tía Nellie de vez en cuando y esperaban a que llegara la hora de la distribución. Esperaban la señal de que las nuevas cartillas de racionamiento habían llegado y estaban guardadas en la caja fuerte del centro. La redada debería dar como resultado entre siete y ocho mil tarjetas, una cifra que haría que mereciera la pena el esfuerzo y el riesgo.

Un día que William y Leo estaban fuera, el tío Henry llegó a casa con lo que él llamaba «un bonito trabajito». Podrían ocuparse de él mientras esperaban el visto bueno para la gran travesura.

En un pueblo situado a unas dos horas en bicicleta, la gente era acosada por un policía al que había que darle una lección. No era un traidor declarado, no pertenecía al M. N. S., pero cumplía ciegamente todas las órdenes de las autoridades alemanas. Una advertencia en forma de carta anónima de la resistencia no había tenido mucho impacto en él. Tal vez era necesaria una advertencia más dramática. Supongamos que alguien le tiende una emboscada y le despoja de su uniforme y su arma.

¡Una gran idea! Con ganas de hacer algo, los hombres se lanzaron al plan del tío Henry.

Le darían una lección. Además, les vendría bien otra arma. El arsenal del grupo era lamentablemente inadecuado. Tenían el revólver de Joe, una vieja pistola de caballo y un juego de nudillos de bronce.

Este sería un buen trabajo para Joe y John, decidió el tío Henry. Joe, porque él mismo había sido policía, y John, porque podía inmovilizar al hombre con una llave de judo.

—¿Y yo qué? —preguntó Robert, alias Evelyn, con voz de falsete—. Los chicos salen a divertirse, pero las chicas se quedan en casa, ¿verdad? —Puso un mohín tan indignado que el tío Henry soltó una carcajada.

—¿Qué tenías pensado? —preguntó.

—Bueno —dijo Evelyn—, pensé en salir con estos dos chicos guapos para ayudar a asustar a ese policía testarudo. Nada como un poco de encanto femenino para hacer que un hombre olvide su deber.

—¿Y tú, Pete —preguntó el tío Henry—, puedes quedarte por aquí para tomar mensajes... por si acaso?

—Oh, supongo —dijo Pete, encorvándose en su silla.

Los demás se llenaron de vida de repente, aunque John también sintió un repentino naufragio en el estómago. Joe quería irse de inmediato.

—No olvides la munición para la pistola —le recordó el tío Henry. Joe saludó.

—¡Sus deseos son órdenes, Señor!

CAPÍTULO TRES

EL CIELO AMENAZABA CON LLUVIA A ME-
dida que se acercaban a su destino, así que se detuvieron para ponerse los chándales. Evelyn se ató un pañuelo y comprobó su maquillaje en un espejo.

—Cuidado —advirtió Joe—, o tendremos a todos los chicos del pueblo persiguiéndonos.

Evelyn les lanzó un bufido desdeñoso.

—¿Hasta cuándo tendré que aguantar a palurdos y patanes?

Pasó la pierna por encima de la barra, se arregló la falda y volvió a pedalear. En una bifurcación, dos policías salieron corriendo de debajo de un árbol y les ordenaron que se detuvieran. Un hombre de mediana edad, de rostro corpulento y gran bigote negro, les exigió el carné de identidad. A John se le aceleró el pulso mientras entregaba su identificación falsa. Era la primera vez que le pedían que la mostrara desde que se había convertido en un hombre buscado. Pero se controló y mantuvo la mano extendida para retirar la tarjeta. Su padre la había hecho, así que estaba seguro de que estaba bien. El hombre ya se la estaba devolviendo. Ninguna de las otras dos identificaciones tampoco levantó sospechas. Podían seguir.

—¿Alguna vez atrapas a alguien? —preguntó Joe, tratando de ser amable.

El joven policía miró al mayor, que le preguntó:

—¿Por qué? ¿A ti qué te importa?

—Oh, nada. Solo preguntaba.

—Bueno, estás pidiendo demasiado.

—¡Vale, lo siento! —dijo Joe encogiéndose de hombros—. No pretendía entrometerme. ¿Quieres fumar?

El joven policía cogió uno, pero el mayor negó con la cabeza. Sin embargo, se volvió un poco más amable.

—¿De vacaciones? —preguntó.

—Bien —dijo Joe.

—¡Dos semanas enteras fuera de la oficina! —suspiró Evelyn.

—¿Adónde te diriges? —quiso saber el hombre mayor.

—Ahora estás pidiendo demasiado —replicó Joe—. Pero solo porque nosotros mismos no sabemos adónde vamos. Estamos de vacaciones sin metas y sin horarios; solo vamos donde el espíritu nos lleva.

«Habla demasiado», pensó John. Y Evelyn se lo dijo mientras pedaleaban hacia la ciudad:

—Cuanto menos hables, mejor. Tu acento sureño te delata. Ahora esos dos policías tendrán una imagen bastante buena de nosotros en sus mentes.

Joe asintió.

—Pensé que tal vez el gordo con bigote podría ser nuestro hombre —dijo—. Parece de los que siguen las reglas.

Pasaron por una calle ancha que les condujo directamente a una hermosa y antigua iglesia. Tenía que ser la calle correcta. El número 12 de Church Street era la dirección que les habían dado. Debían ver a un abogado que formaba parte del ayuntamiento. El plan era que uno de ellos fuera a la casa y pidiera prestada una bomba de bicicleta.

Joe y Evelyn siguieron cabalgando mientras John se detenía frente al número 12. Sin embargo, tuvo un momento de duda. Esta casa parecía demasiado pequeña y destartalada para ser la casa de un abogado. Pero era el número 12 y estaba en Church Street. Sin embargo, ahora que lo pensaba, no había visto el nombre de la calle por ninguna parte. Joe o Evelyn debían de haberlo visto, porque les había parecido bastante seguro.

—Buenas noches, señora —dijo John—. ¿Podría prestarme la bomba de su bicicleta? Y...

—¿La bomba de la bicicleta? Por supuesto —respondió ella.

La respuesta asustó a John. Esa no era la respuesta que habían acordado. La respuesta debía ser: «¿Te envía el tío Henry?». El tío Henry había acordado las contraseñas. ¿Se le había olvidado a la mujer?

Joe volvió sobre su bicicleta mientras John esperaba en la puerta.

—Lugar equivocado —siseó—. ¡Vamos!

Pero John dudó; no sería inteligente marcharse ahora. La mujer volvió con la bomba y se la entregó. Era vieja y chirriaba con cada golpe.

—Supongo que mi marido debería engrasarla —dijo—. ¿Funciona bien? Vaya, tienes una bicicleta preciosa. ¿De dónde eres?

—Sí, es una buena bici, gracias —respondió John, devolviéndole la bomba y apresurándose a marcharse.

Probablemente fue un error, pensó mientras se alejaba. Debería haberle contado alguna historia.

Joe esperaba en la iglesia y Evelyn había ido a la casa correcta. Church Street estaba al otro lado de la plaza. Cuando llegaron al número 12, Evelyn ya estaba dentro, junto a la ventana de la sala. Les hizo una señal para que dieran la vuelta por detrás. Allí les esperaba el abogado, el señor Boonstra, un hombre de pelo pajizo, cara estrecha y ojos grises.

Le contaron que se habían equivocado de dirección y John les sugirió que tomaran otra carretera a la vuelta. Pero Boonstra dijo que no se preocuparan.

—Conozco a esa gente —dijo—. Son sensatos, aunque quizá un poco demasiado sueltos de lengua. Pero me acercaré a ellos y les avisaré antes de que se vayan. ¿Han comido ya? Pues entonces será mejor se apresuren. La mesa está puesta.

John volvió a disfrutar de formar parte de una verdadera familia, sentado alrededor de una gran mesa con varios niños. No parecían inmutarse lo más mínimo por la repentina compañía. Estas visitas debían de producirse muy a menudo en esta casa. El más pequeño, un niño de unos cinco años, no podía apartar los ojos de Evelyn. Miraba a Evelyn comer con evidente fascinación. Tal vez fuera el carmín y el maquillaje. No muchas mujeres se maquillaban en pueblos rurales como este.

—Mamá —dijo de repente, señalando a Evelyn—, esa señora tiene una cosa en el cuello igual que papá. Un bultito que se menea cuando come.

Todos en la mesa estallaron en carcajadas, pero el trío se miró asombrado. Este pequeño de cinco años era más observador que la mayoría de los adultos; su manzana de Adán era el punto más débil del disfraz de Evelyn. Debería llevar una blusa con cuello alto.

Después de cenar, los hombres se retiraron al estudio del abogado para hablar del asunto que los había reunido. El Sr. Boonstra tenía un plan. Había que atraer al policía fuera de casa. John y Evelyn debían fingir que habían sido molestados por un borracho, sugirió Boonstra. Luego le llevarían a una carretera desierta en el extremo sur de la ciudad, a pocas manzanas de la casa del hombre, donde Joe se tambalearía como si estuviera borracho. Cuando el hombre intentara atrapar a Joe, los tres lo dominarían y lo dejarían inconsciente con cloroformo.

Sí, podían conseguir cloroformo del médico del pueblo, y sí, él era sano. La mejor hora sería hacia las diez; a esa hora, como no había electricidad, la mayoría de la gente se habría ido a la cama.

Examinaron el plan en busca de puntos débiles y finalmente lo aprobaron. El abogado telefoneó al médico local y le dijo que Bobby estaba enfermo. Parecía sarampión. El médico llegó a los pocos minutos, trayendo una botella de cloroformo y algunas gasas.

Una vez más ensayaron el plan hasta en sus más mínimos detalles. Evelyn se opuso a la idea de utilizar a un borracho como artimaña, pues ya no había licor, o muy poco. Pero el doctor le tranquilizó al respecto. Siempre que se reunían los granjeros de la zona, había licor de sobra para todos. Con su mantequilla y su carne de cerdo, los granjeros podían conseguir lo que quisieran, y parecía que ahora bebían más que antes de la guerra. No, eso no despertaría las sospechas del policía.

El Sr. Boonstra había redactado una carta que debía prenderse en el pecho del hombre. Después de hacer algunos cambios, Evelyn imprimió el mensaje ordenadamente en una tarjeta. Decía así:

«Sus armas y su uniforme han sido confiscados por orden del gobierno en el exilio porque ha demostrado ser indigno de ellos al servir a los intereses del enemigo. Si se comporta como un ciudadano leal desde ahora hasta el final de la guerra, se le devolverán todos los honores de su cargo. Si no lo hace, habrá perdido su derecho a vivir y será condenado a muerte. Todas sus acciones están siendo registradas. ¡Tenga cuidado!

»En nombre del gobierno,

»La Resistencia»

—¿Podemos hacer eso? —preguntó John dubitativo—. ¿Hablar en nombre del gobierno?

—¡Por supuesto! —dijo Evelyn—. ¿No has oído lo que ha dicho el tío Henry esta mañana? A partir de ahora representamos la ley en este país. Mientras el gobierno legítimo no pueda hacer cumplir la ley, es nuestro deber hacerlo. ¡Así son las cosas! No te preocupes por eso, muchacho.

Llamó a John *muchacho*, y la sonrisa condescendiente del médico decía lo mismo. Este le había ignorado desde el principio, dirigiéndose a Joe y Evelyn. Tal vez podía intuir cómo se sentía John: vacilante y temeroso. Así se sentía siempre de antemano, pero cuando llegaba el momento de actuar, eso se le pasaba. A menos, claro, que le pidieran hacer algo contrario a su conciencia. Tenía que estar seguro de que lo que hacía estaba bien. Una oración de fortaleza se formó en su corazón.

Ahora tenían que planear su escape una vez terminado el trabajo. Cuanto antes se fueran, mejor. Estudiaron un mapa proporcionado por el Sr. Boonstra y descubrieron un carril para bicicleta que pasaba cerca del lugar de la emboscada. Gran parte de él serpenteaba a través de bosques y a lo largo de vías de ferrocarril y les llevaría un largo trecho hasta casa. No llegarían a casa hasta mucho después del toque de queda, pero era un riesgo que tendrían que correr. El Sr. Boonstra fabricó una linterna alimentada por un pequeño generador que se accionaba apretando una palanca en el mango. Cada vez que la apretabas, la luz emitía un sonido asmático y sibilante.

—Yo lo llamo mi corazón jadeante —dijo el Sr. Boonstra.

—¿Corazón jadeante?

—Claro, «Como el ciervo jadea las corrientes de agua…». Ya conoces el texto.

Esperaron a que cayera la noche tomando una taza de té. Si no hubiera sido por el trabajo que tenía por delante, John habría disfrutado de la velada con la familia del abogado, pero ahora luchaba contra una sensación de miedo e incertidumbre. ¿Estaba perdiendo los nervios?

Se sintió inmensamente aliviado cuando por fin dieron las diez y Evelyn dijo que era hora de irse. En la puerta, el médico estrechó la mano de cada uno de ellos, despidiéndose de Evelyn con un largo y cordial saludo y de John con un breve y despreocupado adiós. Pero ¿qué le importaba a él lo que pensara el médico? No lo hacía por reconocimiento, ¿verdad?

Cuando salieron, caía una ligera llovizna; el tiempo estaba siendo muy cooperativo. El Sr. Boonstra les condujo al lugar de la emboscada y les mostró cómo llegar desde allí al sendero para bicicletas. Dejaron las bicicletas con Joe cerca del lugar donde debía actuar, Evelyn y John siguieron a Boonstra hasta la casa del policía.

—¡Adelante! Donde está la puerta abierta. ¿Lo ves? —susurró Boonstra—. ¡Éxito!

Les dio a cada uno un rápido apretón de manos y se retiró a la oscuridad.

—¡Vamos! —dijo Evelyn, tirando de él hacia la puerta.

Subieron por el sendero hasta la puerta de la casa. A tientas, buscaron el timbre hasta que vieron la anticuada aldaba en medio de la puerta. Evelyn golpeó varias veces, rápidamente; luego tomó el brazo de John y entró en su acto. Este jadeaba como si hubiera corrido mucho y temblaba como si hubiera tenido un susto terrible.

En el vestíbulo se oyeron pasos pesados y una pequeña ventana de la puerta se abrió de un tirón.

—Sí, ¿quién es? —preguntó una voz poco amistosa.

—¿Es usted policía, señor? Estábamos... —Y Evelyn comenzó su historia.

Estaban dando un paseo cuando fueron abordados por un hombre extraño, que se había puesto muy violento, y...

—Un momento —dijo la voz. La puerta se abrió y entraron en un estrecho pasillo. La puerta se cerró tras ellos y se encendió la luz del pasillo. Se encontraron cara a cara con un hombre corpulento que llevaba la camisa blanca y los pantalones azules de un uniforme de policía y un gran bigote negro. ¡El del control de carretera! Los reconoció de inmediato.

—¡Ja, los veraneantes! ¿Verdad?

—¡Qué casualidad! —exclamó John—. Sí, pensamos que era un pueblo tan bonito que nos quedaríamos a pasar la noche. Y justo ahora que estábamos dando un paseo...

—¿Dónde se aloja? —interrumpió el policía.

—En el hotel —dijo Evelyn—. Bonito lugar, buena comida. Muchc mejor de lo que podemos conseguir en la ciudad. Pero ese hombre me dio tal susto que tengo miedo de volver caminando. Deberían encerrarlo.

—¿El hotel *Forest View*? —insistió el policía.

—¿Es ese el nombre? Sí, creo que es ese —dijo John.

Todo su miedo le había abandonado. Sin esperar pistas, retomó la historia de Evelyn. El hombre estaba muy borracho y no les dejaba pasar. Los había seguido y se había vuelto muy lascivo y amenazador. Habían empezado a correr, y él había tropezado y caído, y no le habían visto levantarse.

—¿Cómo supo dónde acudir en busca de ayuda? —preguntó el policía.

«Sospecha», pensó John, pero respondió en un santiamén:

—Le preguntamos a alguien dónde podíamos encontrar a un policía.

—Sí —dijo Evelyn—, una mujer que nos encontramos en el camino.

—Él también la había insultado —añadió John—. Señaló esta casa y dijo: «Ve allí, siempre está dispuesto a ayudar».

—¿Eso ha dicho? —dijo el hombre con cara de satisfacción. Se acercó al perchero y se puso el abrigo. Junto a él colgaban su porra y su funda. Cogió la porra, pero dejó la pistola en el perchero.

John y Evelyn se miraron. Fue solo una mirada, pero el policía la captó.

—¿Qué pasa? —preguntó—. ¿Pasa algo?

—Sí —dijo Evelyn, estremeciéndose—, mi prometido quiere que vaya. Pero ese hombre me dio tal susto que prefiero quedarme aquí, si no le importa.

—Esto no es asunto de mujeres —le gruñó a John—. Sígame —le dijo a Evelyn, y lo condujo a la cocina, donde su mujer y su hija estaban sentadas desgranando guisantes.

Evelyn cogió una silla que le ofrecieron, pero se abrazó a su abrigo y empezó a recitar de nuevo toda la historia, intentando sonar un poco histérica. Cuando oyó el portazo de la puerta principal, soltó un par de suspiros dramáticos, puso los ojos en blanco y gimió:

—Me temo que toda esta emoción me ha revuelto el estómago. ¿Puedo usar su baño, por favor?

La mujer del policía señaló hacia el pasillo. Evelyn hizo sonar la puerta del cuarto de baño, se escabulló sigilosamente por el pasillo y cogió la funda del perchero. Solo había dos pasos hasta la puerta principal. Al girar el pomo, oyó un ruido a sus espaldas. La mujer del policía estaba de pie al final del pasillo, con la boca abierta y las manos agarrándose el pecho.

—¡Tengo que ver qué está pasando! —dijo Evelyn, tratando de salvar la situación mientras intentaba ocultar el arma robada bajo su abrigo.

Antes de llegar a la puerta, oyó un grito desgarrador a sus espaldas, que estaba segura de que podía oírse a varias manzanas de distancia.

Mientras tanto, John se había adentrado en la noche con el policía. Su confianza en sí mismo no le abandonó. Recordó lo que había dicho el tío Henry antes de que se marcharan: «¡Por supuesto, un trabajo tiene que tener un plan! Debe planificarse hasta el más mínimo detalle. Pero cuenta con ello: por muy bien que lo hayas calculado todo, ocurrirá algo inesperado y habrá que cambiar el plan. Hagas lo que hagas, ¡no dejes que eso te desconcierte! Adáptate a la nueva situación». Bueno, él y Joe deberían ser capaces de dominar al hombre. Y luego tendrían que volver por Evelyn.

El policía gordo charlaba amistosamente. La ciudad había empezado a construir un nuevo ayuntamiento, pero el edificio no podía terminarse ahora. Presumía de los hermosos bosques de la zona. Un excelente sistema de carriles bici te lleva a través de algunos de los paisajes más bonitos del país, dijo. Deberían ir en bicicleta hasta la torre de vigilancia, a unos kilómetros al norte de la ciudad.

El hombre no parecía tan mal tipo. Pero en unos minutos estaría desnudo y tendido inconsciente en una zanja. John empezaba a sentir lástima por su regordete compañero.

Y el policía paseaba como si tuviera toda la noche. Más adelante estaban las vías del tren. El lugar de la emboscada estaba solo una manzana más allá. Pero a medida que se acercaban al cruce, empezaron a sonar campanas y a parpadear luces. Se acercaba un tren. Las agujas automáticas se bajaron, bloqueándoles el paso.

De repente, el policía aceleró el paso. Pasaron por debajo de las verjas y cruzaron las vías justo por delante de un lento tren de mercancías. Detrás de ellos, una motocicleta se acercaba al cruce. Entonces los deslumbró un reflector. John captó el brillo de la luz en los cascos mojados. Una bicicleta alemana con *sidecar*.

—¡*Heil Hitler*! —gritó el policía, extendiendo el brazo en señal de saludo nazi. Toda la compasión que John sentía por aquel hombre se evaporó.

Mientras caminaban, alguien vino corriendo detrás jadeando pesadamente. Era Evelyn. Debía de haber pasado también por debajo de las puertas del cruce.

—¿Qué es esto? —exclamó exasperado el policía—. Creía que se había quedado atrás. ¿Ocurre algo?

—Oh, oficial —jadeó Evelyn—, no podía soportarlo más. Estaba segura de que algo terrible le ocurriría a mi prometido. ¡Oh, mire! ¡Mire! ¡Allí!

Delante de ellos, una figura oscura salió de entre los árboles. Una voz de borracho atravesó la noche:

—Un anillo cuando rueda no rompe huesos...

—¡Eh, tú! ¡Ven aquí! —gritó el policía, acercándose lentamente a Joe.

John se preparó para agarrarlo, y Evelyn chillaba y se colgaba del brazo del policía.

—¡Oh, tenga cuidado, tenga cuidado!

Cuando Joe cargó, John agarró el otro brazo del hombre.

El policía gritó pidiendo ayuda, pero justo en ese momento el tren pasó atronando por el cruce. El hombre era poderoso; se zafó del brazo derecho y levantó su porra, blandiéndola salvajemente. Pero John le retorció el otro brazo a la espalda hasta que el policía se arqueó hacia atrás de dolor. Esto le permitió a Joe ponerle la gasa empapada en cloroformo sobre la cara. En pocos segundos, el hombre yacía inerte en los brazos de John. Lo arrastraron hasta el arcén de la carretera. Evelyn desgarró los botones del hombre y Joe corrió a buscar la bolsa. La cola del tren pasó por el cruce.

—¡El revólver!

—Ya lo tengo.

—¿Y la porra?

—Déjala, probablemente esté en la carretera en alguna parte. ¡Deprisa!

—Dame la nota.

Se oyeron voces desde la ciudad. El motor de una motocicleta aceleró.

—¡Vamos! ¡Vamos! ¡Ya vienen!

John no se tomó la molestia de prender la nota en la camisa del hombre, sino que se la metió rápidamente bajo la camiseta. El miedo se apoderó de él. Su bicicleta, ¿dónde estaba? Joe ya estaba corriendo. Allí estaba Evelyn. También tenía la bicicleta de John.

—A tu servicio —dijo.

En la bici. Pedaleando por todo lo que valía. Tras Joe. Un fuerte golpe sonó detrás de él, como si alguien hubiera caído a la carretera. ¿Dónde estaba Evelyn? Frenó y miró hacia atrás. Entonces Evelyn pasó disparada.

—¡Vamos, más rápido! —gritó.

Por la carretera venía un solo faro. Otra luz, un reflector, escaneaba el bosque a ambos lados

de la carretera. ¡Los soldados alemanes! Una tras otra, las tres bicicletas derraparon al doblar la esquina hacia el carril para bicicletas. Ni diez segundos después, la motocicleta pasó rugiendo. Los alemanes no los habían visto.

Entonces oyeron el chirrido de neumáticos y voces fuertes. Los soldados debían de haberse dado cuenta de su error y estaban regresando. Pronto el reflector pasaba por el sendero del bosque, pero ya estaban fuera de su alcance. ¡Ziiip! Una bala pasó silbando por encima de ellos y varias más atravesaron los pinos a ambos lados del sendero. Se agacharon sobre la manivela y siguieron a toda velocidad. La moto no podía seguirles, porque con el *sidecar* era demasiado ancha para la estrecha pista forestal. Pero ¿y si lo soltaban? ¿Cuánto tardarían?

—¡Cuidado! A la derecha —gritó Joe.

Aquí se cruzaban dos senderos y tenían que girar a la derecha. Tomaron la curva sin aminorar la marcha. De repente, Evelyn se quedó atrás y empezó a hacer ruidos extraños. John se detuvo. Evelyn no podía pedalear más porque se estaba riendo mucho.

—Escucha —dijo—, ¿sabes lo que me pasó allí? Cuando me subí a la moto, me olvidé por completo de la falda y me caí de bruces. Pero mira lo que encontré mientras rodaba por el camino: ¡la porra! Toma, Joe, ponla en la bolsa. Coge también la funda. ¡Uf! Hueles a laboratorio ambulante.

—Mantiene alejados a los mosquitos —dijo Joe.

Examinaron su premio más importante, el revólver del policía, a la luz del «jadeante corazón» de Boonstra. Estaba bien cuidado. Joe abrió el cilindro.

—Está cargada —dijo, satisfecho—. No debería ser muy difícil conseguir más munición para esta cosa. ¿Qué tal un descanso rápido, compañeros? Aquí estamos bien. Si oímos venir a alguien, nos esconderemos entre los árboles.

El breve descanso les ayudó a relajarse un poco. Mantenían los ojos y los oídos bien abiertos, pero el único sonido era el susurro del viento en las copas de los árboles. Había dejado de llover y la estrecha cinta del carril para bicicleta pavimentado brillaba a la luz de la luna. John sintió que le empezaba a doler la pierna donde había recibido la patada del policía gordo. Joe estudió el mapa a la luz de la linterna.

—Bueno, chicos, ya lo tengo —dijo—. ¡Vámonos! No hablen más y mantengan los ojos abiertos cuando lleguemos a la autopista. Tendremos que tener especial cuidado cuando nos acerquemos al pueblo. Puede que hayan dado la alarma a los pueblos de alrededor.

El trío pedaleaba a un ritmo constante. John podía ver las espaldas de sus compañeros delante de él. De vez en cuando, una advertencia silenciosa o una tos apagada llegaban a sus oídos. De vez en cuando, olía cloroformo. Mientras miraba sus espaldas dobladas, un fuerte afecto por sus dos compañeros brotó de su interior.

Llegaron a casa poco después de medianoche. Marcharon hacia la mesa, frente al tío Henry, de uno en uno, y cada uno depositó ceremoniosamente una parte del botín sobre la mesa: el revólver, la porra y el sombrero y la insignia. El tío Henry hizo su papel, recibiendo cada artículo con una reverencia y pronunciando un pequeño discurso en honor de la ocasión. Luego les dio a cada uno un lugar de honor: Joe a su izquierda, Evelyn-Robert a su derecha y John junto a la tía Nellie.

Todo el grupo había estado esperando despierto. Había café en la cafetera y la tía Nellie había preparado un pastel. En la habitación se respiraba la feliz sensación de estar todos juntos de nuevo.

Joe contó lo que había sucedido y John y Evelyn lo completaron. De su bolsillo Joe sacó la botella vacía de cloroformo y la gasa. El olor llenó inmediatamente la habitación y Joe corrió hacia el cubo de la basura. El tío Henry lo felicitó por no haberlos dejado en el lugar de la emboscada:

—No dejen ni un solo rastro detrás, si pueden evitarlo.

Parecía bastante satisfecho con la forma en que habían llevado a cabo el trabajo. Pero estaba un poco preocupado por el Sr. Boonstra.

—Más gente debe confundir esas dos calles —dijo—, y si los primeros no mantienen la boca cerrada, Boonstra podría tener problemas. Será mejor que se asegure de que su casa esté limpia.

—Tuvieron mucha suerte de escapar de esos soldados alemanes —dijo el tío Henry—. Deberíamos arrodillarnos y dar gracias a Dios por cómo salió todo.

Incluso Evelyn-Robert, que se declaraba agnóstico, asintió.

—¿Es esa toda la historia? —preguntó el tío Henry—. ¿Por qué haces muecas, John?

—Ese policía gordo me dejó un pequeño recuerdo —dijo John, subiéndose el pantalón. Tenía la rodilla hinchada y un moretón que se extendía por el muslo.

—Ese hombre sí que sabe dar patadas —observó el tío Henry—. Pero la tía Nellie chasqueó la lengua y se apresuró a buscar compresas frías.

Mientras tanto, el tío Henry les dijo que también tenía buenas noticias. Había dado con un par de lugares que deberían ser fáciles de penetrar: un ayuntamiento y otro centro de distribución. Al día siguiente investigaría más a fondo este último y luego volverían a discutirlo. Nadie se iba a aburrir, les prometió.

—¿Alguien más tiene algo importante que informar? —preguntó el tío Henry, usando la porra como mazo—. Si no, levantaré la sesión.

Pete levantó la mano.

—No sé si crees que esto es importante —dijo—, pero estaba escuchando las noticias esta noche y el locutor dijo que los Aliados por fin habían pisado suelo europeo. Hoy han desembarcado en Sicilia.

—¡No es importante! ¡Qué displicente puedes llegar a ser!

—¿Lo supiste toda la noche y no dijiste nada? Hombre, ¿tienes aserrín en las venas?

—¿Qué tiene de bueno Sicilia? —preguntó Pete—. No está exactamente al lado, ya sabes.

—¡No, pero es el principio, es el principio!

Una vez más, sintieron que no luchaban solos. Los alemanes estaban siendo atacados desde dentro y desde fuera, y los Aliados no dejarían de martillear hasta que los nazis desaparecieran. Puede que no tardaran mucho. El tío Henry se levantó y empezó a cantar el himno nacional.

En silencio, para que los vecinos no lo oyeran, todos se unieron a él. También el reloj dio dos campanadas.

CAPÍTULO CUATRO

A LA MAÑANA SIGUIENTE, JUSTO DESpués de que Joe y William salieran para ponerse en contacto con un trabajador de la resistencia en otra ciudad, llegó la esperada llamada sobre el asalto al centro de distribución: «El abuelo celebra su octogésimo cumpleaños esta noche. Se ruega a los familiares que estén allí no más tarde de las seis».

El tío Henry maldijo en voz baja mientras colgaba el teléfono. Era demasiado tarde para buscar a Joe y William. Tendrían que hacer el trabajo con cinco hombres. Y tío Henry había reclutado a John porque había imaginado que seis no serían suficientes. El «octogésimo cumpleaños» significaba un botín mayor de lo que habían esperado. Y el plan original había sido para las ocho. El tío Henry convocó una reunión para examinar y revisar el plan original.

—¿Qué hacemos, muchachos? —preguntó.

—¡Vamos! —respondieron tres de ellos—. Ya veremos qué pasa cuando lleguemos.

—¿Qué dices, Pete?

Pete estaba escribiendo una carta a su mujer. Masticaba la punta del bolígrafo.

—Sí, ¿qué debo decir? No sería educado hacer esperar a toda esa gente.

—Así que está decidido —dijo el tío Henry—. ¡Nos vamos! Y si todos trabajamos el doble de lo habitual, tendremos tres hombres más de los que necesitamos.

John miró a su líder; sus ojos claros calmaron el miedo que le subía por la garganta. Cuando él estaba cerca, sentía que nada terrible podía ocurrir.

Una vez más, revisaron el plan original hasta el más mínimo detalle. Estudiaron el plano del centro de distribución y el mapa de la zona. Después, tras tomar un bocadillo y café, se tumbaron un rato a descansar. Nadie intentó siquiera dormir.

A las tres y media estaban listos para partir. Esta vez Evelyn-Robert iba vestida con una impecable falda gris y una blusa de cuello alto; en su gran bolso llevaba sacos de cebolla, cinturones, trozos de cuerda y varios pañuelos. Las cartillas de racionamiento irían en los sacos, para atarlas con los cinturones a la parte trasera de sus bicicletas. Puede que tuvieran que utilizar cuerdas y pañuelos para atar y amordazar a los guardias. Evelyn también llevaría las armas ocultas bajo la falda. Allí estaban relativamente a salvo, pues la policía rara vez revisaba a las mujeres durante los controles.

¿Habían olvidado algo?

—Sí —dijo el tío Henry—, lo más importante de todo. Vengan aquí y siéntense, muchachos. Primero pediremos la bendición de Dios para nuestro trabajo. Estamos luchando por la justicia y la rectitud, y no tenemos que hacerlo con nuestras propias fuerzas.

Todos guardaron silencio. Evelyn también se sentó reverentemente con la cabeza inclinada. El tío Henry dijo en voz baja:

—Señor, Tú lo sabes todo. Tú sabes lo que vamos a hacer. Tú nos has encomendado este trabajo, y nosotros nos ponemos bajo tu protección. Sálvanos de nuestros enemigos, pero sálvanos también de hacer lo que es malo a tus ojos. Guíanos y danos fuerza".

Entonces John conoció la misteriosa fuerza que irradiaba del tío Henry: era su gran confianza en Dios. Ahora todos parecían compartirla. Se despidieron de tía Nellie como si fueran a salir de viaje en bicicleta. Pete empezó a hacer alguna ocurrencia mientras le estrechaba la mano, pero entonces ella lo atrajo hacia sí y lo besó en ambas mejillas. E hizo lo mismo con todos sus hijos.

—Intenten volver antes de las once —dijo—. Tendré una cena especial esperando.

Ninguno de ustedes comió mucho este mediodía, y todos estarán hambrientos.

Su destino estaba a cuarenta kilómetros. Tenían previsto recorrer la distancia de ida y vuelta en dos horas; ahora tenían que ahorrar energías. Pedalearon hasta la ciudad más cercana y cada uno compró su boleto y una tarjeta de equipaje para su bicicleta. Luego se quedaron en el andén de la estación esperando a que llegara el tren de cercanías.

Era una estación muy concurrida. La ciudad estaba llena de parejas de jubilados y veraneantes. El tío Henry y Pete estaban juntos; John caminaba del brazo con Evelyn; y Leo estaba solo. Fingían no conocerse.

Viajaron en vagones diferentes y se bajaron en paradas distintas. Un grupo se bajó una parada antes; otro, una parada después. Pero a las seis en punto se habían reunido en la casa de aspecto próspero del Sr. Muller, funcionario del centro de distribución. Aunque el hombre era de ascendencia alemana, estaba arriesgando su vida para ayudar a la resistencia. Bajito y regordete, con gafas gruesas y redondas, era mucho más avispado de lo que parecía.

Las cartillas de racionamiento habían llegado la noche anterior escoltadas por la policía, les dijo el Sr. Muller. La distribución de las tarjetas comenzaría a primera hora de la mañana siguiente, por lo que el trabajo no podía retrasarse. El procedimiento habitual era que la persona que cerraba por la noche llevara la llave de la caja fuerte a la comisaría, donde el jefe la recogería a la mañana siguiente. Salvo un hombre, todos los policías eran hombres cabales que cooperaban con la resistencia. El plan original preveía que uno de los policías tomara prestada la llave de la caja fuerte y la devolviera después del robo.

—Pero hace poco hemos conseguido un nuevo alcalde, gracias al Sr. Mussert, el jefe del Movimiento Nacional Socialista —explicó el Sr. Muller—. Y debe de haberse enterado de las simpatías de los policías, porque hoy, después de que llegaran las cartas, nos ha ordenado de repente que lleváramos la llave a su casa en vez de a la comisaría. Así que esta noche la llave está colgada en casa del alcalde.

—¿Y no crees que estaría dispuesto a prestárnosla un ratito, eh? —preguntó el tío Henry secamente.

—No lo creo. Al menos, no de buena gana —dijo el Sr. Muller, sonriendo—. He estado intentando pensar en alguna forma de hacerme con esa llave... sin éxito. Hasta ahora. Ver a la señora de su grupo me da una idea de cómo puede entrar en su casa.

—¿Qué harían sin nosotras, las mujeres? —dijo Evelyn, con un suspiro de satisfacción.

—La semana pasada, la mujer del alcalde puso un anuncio en el periódico local buscando una ama de llaves —explicó el Sr. Muller—. Estoy bastante seguro de que nadie ha respondido, pues hay muy pocas chicas en esta ciudad dispuestas a trabajar para alguien que pertenece al M. N. S. Ahora bien, si esta joven solicitara el puesto...

—Ni hablar —dijo Evelyn resoplando—. Nunca he sido menos que una institutriz, y no me rebajaré.

Pero, por supuesto, Evelyn siguió adelante con el plan. De nuevo John debía acompañarla como su prometido. Formaban una pareja convincente.

—¿Qué tan grande es la familia? —preguntó John.

—El alcalde, su mujer y sus dos hijas —dijo Muller—. El hermano pequeño del alcalde también se ha quedado con ellos. Está con las *SS* y debe partir hacia Rusia cualquier día. Ayer seguía allí y nadie le ha visto salir, al menos en tren. Nadie le ha visto hoy tampoco, así que puede que le hayan recogido en auto. No estamos seguros ni de una cosa ni de la otra.

—¿Y los guardias del centro de distribución? —preguntó el tío Henry.

—Hay dos —dijo Muller—. Uno de ellos es sano, pero el otro es la manzana podrida que he mencionado. Es un nacionalsocialista rabioso, así que ten mucho cuidado con él. Te hará pedazos y creerá que está siendo un héroe.

—Bueno, podemos devolver los disparos —dijo el tío Henry—. Pero eso estropearía la travesura. Entonces tendríamos que salir corriendo de allí sin las cartas. Tendremos que asaltarlo. Ese será tu trabajo, John.

—El otro guardia ha pedido que no lo trates con demasiada delicadeza —continuó Muller—, porque el hombre del M. N. S. no debe sospechar nada. Creen que lo han metido en el cuerpo como espía, así que los demás tienen que vigilarlo.

—Bien, nos encargaremos de que reciba su parte de los golpes. ¿A qué hora llegamos? ¿A las ocho y media, como acordamos?

—Sí —dijo Muller—, debería estar empezando a oscurecer para entonces. El reloj cambia a las ocho. Si hacen un buen trabajo, lo más probable es que no se descubra hasta mañana por la mañana. No olviden que necesitamos algunas cartillas de racionamiento. Unas 600 serán suficientes. Uno de nuestros hombres locales estará detrás del edificio para quitárselas de las manos. La contraseña será «Sicilia». No estamos siendo demasiado codiciosos, ¿verdad?

—¿Codiciosos? —repitió el tío Henry, riendo—. Aunque pidieras la mitad, seguiríamos contentos.

El Sr. Muller se inclinó hacia delante en su silla y se aclaró la garganta.

—Quiero decirles cuánto admiro su valor y su voluntad de arriesgar sus vidas por todos nosotros. Me temo que yo nunca podría...

—¡Pamplinas! —exclamó el tío Henry—. Prácticamente has envuelto, sellado y entregado este trato sin ayuda de nadie. ¡Sin hombres como tú, no estaríamos en ninguna parte!

El Sr. Muller le miró con una sonrisa escéptica pero apreciativa, y luego se quitó las gafas y empezó a pulirlas.

A las ocho y cuarto, John y Evelyn subían la escalinata de la mansión del alcalde. John no sentía ningún miedo. Sentía el revólver abultado en el bolsillo derecho de su abrigo. Luchaba contra el impulso de tocarlo. Evelyn también tenía un revólver en el bolsillo, pero era la pistola grande de caballo, y tenía que mantener un pañuelo sobre ella para ocultar la empuñadura que sobresalía.

Una chica de unos dieciocho años abrió la puerta.

—Mucho gusto, señorita —dijo Evelyn—. Vengo por el anuncio del periódico en el que se pedía un ama de llaves. ¿El puesto sigue vacante? Este es mi novio.

—Un momento —dijo la chica, y se volvió por el pasillo. En cuanto desapareció, Evelyn y John entraron tras ella de puntillas, dejando la puerta principal ligeramente entreabierta. Irrumpieron en el salón justo detrás de la primogénita. El alcalde estaba tumbado en el sofá leyendo el periódico, su mujer acababa de servir el té y la segunda hija estaba acurrucada en un sillón con un libro.

—Disculpen —dijo Evelyn—, pensé en entregar el mensaje yo misma. Manos arriba, todo el mundo.

—Permítame presentarle a nuestro líder —dijo Evelyn con un movimiento de la mano—. Responderá a todas sus preguntas, y tal vez haga algunas propias.

Entonces el tío Henry entró en la habitación llevando el revólver de Joe. Leo y Pete ya estaban registrando la casa, y Evelyn se les unió. John mantenía su pistola apuntando al alcalde.

—La llave de la caja fuerte del centro de distribución —ladró el tío Henry—. ¡La queremos, y la queremos ahora mismo! Si coopera, no tiene nada que temer. Pero si juega, lo que pase será su culpa. Bueno, ¿qué dice? ¡Hable!

—¡No está aquí! Está guardada en la comisaría.

Pero la esposa gimoteó de miedo.

—Dile la verdad. Nos matarán a todos —suplicó.

—Por favor, díselo, papá —suplicó una de las niñas.

—Así que nos ha mentido una vez —dijo el tío Henry—. Es la última oportunidad. Por última vez: ¿dónde está la llave?

—No importa —llegó la voz tranquila de Pete desde la puerta—. Ya la tengo. Estaba sobre su mesa en el estudio. Mira, tiene una etiqueta: Caja fuerte del centro de distribución. ¿No ha sido muy amable?

Le entregó la llave al tío Henry y desapareció.

—Muy mal, Sr. Alcalde. Realmente debería haber cuidado mucho mejor esta llave. Se va a llevar un rapapolvo cuando se enteren los alemanes. Sí, está bien, señora, póngase las manos en la nuca. No es tan cansado.

Sonaron fuertes carcajadas en el vestíbulo. Evelyn y Leo entraron en la habitación. Entre ellos caminaba un hombre ceñudo vestido con un pijama rosa.

—Aquí está nuestro hombre para el frente oriental —comentó Evelyn—. Pero nuestro heroico capitán se mojó los pies con la última lluvia y ahora está resfriado. Querida mía, ¿qué le va a pasar en Rusia cuando la temperatura baje a 30 bajo cero? Sí, eso es, contra la pared. Vaya, vaya, le han enseñado bien. No hay necesidad de temblar, Capitán, no somos como esos desagradables rusos. Ellos no se habrían molestado en despertarlo. ¡Simplemente le habrían disparado en la cama! Y gracias por la buena arma, señor.

Le mostró al tío Henry una pesada pistola de nueve milímetros.

—Estaba junto a su cama —dijo Evelyn—. Pero me temo que se quedó dormido en su puesto, así que no le sirvió de mucho. Creo que ha perdido su derecho a ella.

—Buen trabajo —dijo el tío Henry—. ¡Bien hecho! Pero ahora tenemos que encontrar un sitio para meter a toda esta gente. ¿Alguien tiene alguna idea?

De nuevo fue Pete quien dio la respuesta:

—Encontré un hermoso refugio antiaéreo con una ventana tapiada y una puerta de acero en el sótano. Eso debería mantenerlos a salvo.

¡Rrring! ¡El timbre! Había alguien en la puerta. ¿Quién podría ser? ¿Alemanes? Tal vez habían visto algo desde fuera, o tal vez alguien les había avisado.

Pero el tío Henry estaba tranquilo.

—Evelyn, ve a la puerta. Dale tu revólver a Pete. Al lado del armario, Pete. Date prisa. Leo, ve por la puerta del otro lado del pasillo. Vigílalos, John.

El tío Henry siguió a Evelyn hasta el vestíbulo. John empuñó con más fuerza su revólver.

—Mantenga las manos en alto —le gruñó al capitán—. Sé lo que tiene en mente. Si me dice algo, le arranco todos los botones del pijama.

Oyó que abrían la puerta.

—Buenas noches —dijo Evelyn—. Pase, por favor. Soy la nueva ama de llaves. ¿Quién le digo que llama?

—Williams —dijo una voz profunda—. Así que tú eres la criada, ¿no? Bueno, somos amigos del alcalde.

Entonces llegó de nuevo la voz de Evelyn.

—Oh, en ese caso, adelante. Ya que son amigos.

Por el rabillo del ojo, John vio a un hombre y una mujer que entraban en la habitación, con Evelyn y los demás justo detrás. La mujer gritó al ver a los hombres armados y a la familia del alcalde alineada contra la pared.

Pero Evelyn la tranquilizó.

—No hace falta que grite, señora. No es tan malo como parece. ¿Quiere reunirse con sus amigos? Así es. Las aves del mismo plumaje vuelan juntas. E incluso puede unírseles en la misma jaula.

Cinco minutos más tarde, todo el grupo yacía codo con codo en el suelo del sótano, atados de pies y manos y amordazados con los pañuelos de la tía Nellie. El tío Henry le dijo a Leo que trajera algunas mantas de los dormitorios para las damas; los hombres podían prescindir de ellas.

Más vale que nuestro capitán se acostumbre un poco al frío si va a ir al frente oriental.

Evelyn fue designada para quedarse a vigilar a los prisioneros. Cogió la tetera y se acomodó en lo alto de la escalera del sótano. Junto a la tetera puso la gran pistola del capitán.

—Vamos —dijo—, estaré bien aquí. Pero no tan bien como para que me dejen atrás, así que no se olviden de recogerme.

John fue el último en salir de la casa. Mientras salía por la puerta, pudo oír cómo Evelyn le daba a la señora de la casa un sermón sobre el acaparamiento. El sótano estaba repleto de todo tipo de provisiones.

Eran las nueve menos cuarto en el reloj de John cuando él, Leo, Pete y el tío Henry subieron tranquilamente con sus bicicletas por el callejón hasta la parte trasera del centro de distribución y las aparcaron cuidadosamente contra la pared. Los últimos destellos de luz del día aún permanecían en el cielo.

El viejo edificio gris estaba completamente inmóvil. Se escabulleron por la parte trasera, manteniéndose cerca del edificio. Allí estaba la ventana del cuarto de baño. Estaba parcialmente abierta. Algún alma servicial había serrado los pernos de la ventana hasta la mitad. El tío Henry soltó fácilmente la ventana y la sacó al exterior.

John se quitó el abrigo y los zapatos. Luego cuatro manos lo introdujeron por la ventana. Su brazo rozó los lados de la abertura y luego los dedos de sus pies tocaron algo: un radiador. Alguien le entregó su pistola y ya estaba dentro.

Silencio. Oscuridad. Una vez más el miedo le atenazó la garganta. Entonces, en su mente, oyó la tranquila voz del tío Henry: «Tú nos has encomendado este trabajo, y nosotros nos ponemos bajo tu protección». Estaba en buenas manos.

En silencio, con cuidado, abrió la puerta del cuarto de baño. Visualizó el plano de la planta: unos diez metros en línea recta por el pasillo, a través de una puerta, y luego a la izquierda. Así llegaría a la puerta exterior. El pasillo estaba completamente oscuro. No veía nada. El suelo estaba frío bajo sus medias. Uno de sus calcetines tenía un agujero en el talón. Debía de ser la esquina. Delante de él, un estrecho haz de luz atravesaba el pasillo. Los guardias debían de estar detrás de aquella puerta Pasó de puntillas con mucho cuidado, con el revólver preparado.

—¡Vamos, date prisa! —dijo una voz—. Es tu turno.

John tocó la puerta principal. Los dos cerrojos corredizos, bien engrasados, se deslizaron con facilidad. Luego la cerradura. La llave se había quedado dentro; rechinó al girarla lentamente. El sonido le recorrió los huesos y apretó los dientes. Cuando agarró el pomo, la puerta ya se estaba abriendo desde fuera.

El tío Henry fue el primero en entrar. Le dio un rápido apretón al brazo de John. John casi se ríe a carcajadas de lo bien que iban las cosas. Juntos se escabulleron por el pasillo hacia el haz de luz. Allí se detuvieron. Leo y Pete estaban justo detrás de ellos.

John se asomó al interior. Dos policías estaban sentados a una mesa jugando a las damas. Uno de ellos era un colaborador nazi. ¿Pero cuál? Debía de ser el de la gorra. El otro era un tipo de aspecto jovial y acababa de mirar hacia la puerta. Debía de saber que estaban aquí.

El tío Henry abrió la puerta de una patada y todos entraron corriendo en la habitación.

—¡Manos arriba! —gritó—. ¡Agárralo, John!

John se agarró al brazo del policía mientras Leo le golpeaba la cabeza con la porra. El hombre cayó al suelo sin hacer ruido.

—Bien hecho —dijo el otro oficial—. Tal vez eso le haga entrar en razón. Espero que le dé un dolor de cabeza tan grande como el que nos ha dado a nosotros.

Estrechó la mano del tío Henry y le entregó su revólver. Tío Henry lo agarró por el uniforme y tiró de él. Los botones cayeron al suelo y una costura se rompió.

—¡Ya está! —dijo el tío Henry—. Ahora parece que has estado en una pelea. ¿Qué tal un ojo morado? ¿No? ¿Crees que esto será suficiente? Bien, muchachos, apurémonos.

Pete sacó los sacos y John se puso rápidamente los zapatos y el abrigo. El tío Henry sacó la llave de la caja fuerte del bolsillo y todos contuvieron la respiración mientras la introducía, giraba la cerradura y tiraba. La pesada puerta emitió un sonido de succión al abrirse lentamente. Allí estaban las cartillas de racionamiento, ordenadas en paquetes de cincuenta por clase. Para el quinto y sexto periodo, para leche, mantequilla y carne, para ropa, zapatos, gasolina...

—¡No se queden ahí embobados! Vamos, métanlas en los sacos. Pongan seiscientas de cada período en este saco y manténgalas separadas. Tomen, echen un poco más. Y algunos de estos especiales. Bien, John, ¡llévatelo!

John arrastró el saco por el oscuro pasillo hasta que encontró la puerta trasera. La abrió en silencio y asomó la cabeza. Sabía lo que le esperaba, pero dio un respingo y se golpeó la cabeza contra el poste cuando alguien le susurró «Sicilia» al oído. Alguien le quitó el saco de las manos. En la oscuridad, John no pudo distinguir sus rasgos.

—¿Va todo bien? —preguntó la voz en voz baja.

—Perfecto —dijo John—. ¡Ahora, vete!

Y el hombre se alejó en la oscuridad, una voz que permanecería para siempre en el anonimato, uno de sus muchos camaradas en el ejército clandestino de la resistencia.

Cuando volvió con los demás, todas las cartas estaban empaquetadas. Acababan de atar los últimos sacos. El hombre de la M. N. S. se había reanimado y estaba sentado en el suelo, frotándose la cabeza y mirando aturdido a su alrededor. El tío Henry estaba al teléfono marcando un número.

—Hola, ¿habla Ludwig?... Sí, estamos listos. Puedes traer en el auto... ¿Qué? ¿Por la escuela? Bueno, nos aseguraremos de que llegue... No, está bien. Hasta luego.

Luego cogió el teléfono con las dos manos y arrancó el cable de la pared. Pete y Leo agarraron cada uno por un hombro al hombre de la M. N. S. y lo arrastraron hasta la caja fuerte. El tío Henry le clavó la pistola en las costillas al otro hombre y le dio tal empujón que se fue dando tumbos hacia la caja fuerte y chocó contra el tipo de la M. N. S.

—¡Eso es por intentar atacarme! Considérese afortunado. Tendría que haberle pegado un tiro.

Cerraron de un portazo la puerta de la caja fuerte y rápidamente llevaron los sacos a las bicicletas y los ataron a los portaequipajes.

El tío Henry se adelantó para explorar y recoger a Evelyn. Los demás los siguieron a intervalos de unos centenares de metros, con las luces enmascaradas según lo prescrito por las normas de oscurecimiento. De vez en cuando se cruzaban con alguien, pero nadie les prestó atención. Se reunieron frente a la casa del alcalde.

—Así que, banda de sucios ladrones —les saludó Evelyn—, ¡ya era hora de que aparecieran!

Llegaron a casa justo antes del toque de queda de las once, habiendo recorrido los 40 kilómetros en bicicleta en menos de dos horas. Los ojos de la tía Nellie brillaban de agradecimiento. Todos habían regresado sanos y salvos. Habían picado al enemigo y habían salido indemnes.

Después de cenar, disfrutaron de la mejor parte de toda la travesura: volver a contar todo lo que había pasado. Todo parecía tan diferente ahora que el suspenso y el miedo habían desaparecido. Una vez más se maravillaron ante el anciano empleado, el Sr. Muller, que había preparado el trabajo con la misma precisión y atención al detalle que había dedicado toda su vida a sus libros. Incluso había cortado él mismo los cerrojos de la ventana del cuarto de baño. Se rieron mucho de la expresión inexpresiva del alcalde cuando, de repente, levantó la vista de su periódico y se encontró con el cañón de una pistola. Y entonces sonó el timbre.

—Ni yo mismo me lo creo —dijo Pete—. ¡Estaba tan fresco como una cuchilla de patín! Me quedé allí junto al armario, pensando solo en que me cargaría a todos los alemanes que pudiera. Incluso me decepcioné un poco cuando resultó que no eran alemanes.

—No importa —dijo el tío Henry—. Tendrás la oportunidad de disparar muy pronto si conseguimos más de estos trabajos.

—¡Basta! —dijo la tía Nellie—. Si empiezan a hablar así, me voy a la cama.

—Cierto —dijo Evelyn-Robert—. Me están dando escalofríos, hablando así. Pero al mismo tiempo se sentó inclinado sobre la pistola de nueve milímetros, puliéndola cariñosamente.

—Echemos un vistazo a aquello por lo que arriesgamos el cuello —dijo Leo—. ¡Vamos, vaciemos estos sacos sobre la mesa! Me gustaría ver esos bonitos colores mezclados.

Pero decidieron hacerlo en el desván para poder esperar hasta mañana para clasificarlos.

—¿Qué es esto? —preguntó Robert, sacando un gran sobre marrón del montón. En el exterior estaba escrito en letras grandes. «Salario del personal». Dentro había 150 florines y algo de cambio: según un balance que había en el sobre, lo que quedaba del dinero de las nóminas después de pagar al personal.

—¿Qué vamos a hacer con eso? —preguntó Evelyn.

—Sí —dijo el tío Henry—, en realidad no debíamos llevárnoslo. Pertenece al pueblo. Empiezo a sentirme como un verdadero ladrón.

—Devuélvanlo —sugirió Pete.

Pero el robo sería descubierto por la mañana. Finalmente decidieron devolverlo por correo al alcalde nazi. Tendrían que enviarlo desde otra ciudad, por supuesto. Uno de ellos tendría que ir a Amersfoort o Hilversum. Mientras se desvestían, los chicos pensaron en un remitente adecuado: V. Orange, Freedom Road, Queenstown.

—Lenin Road —enmendó Evelyn-Robert.

—Bien. Un poco de rojo en el naranja no hará daño. Nos llamarán los Realistas Rojos. Mientras sepan por qué luchamos.

—¡Ya sé! Pongamos una nota dentro: «No por riqueza, sino por justicia».

—O qué tal: «No por el dinero y el poder, sino por la justicia y el derecho».

Por fin se pusieron de acuerdo en un lema. Pusieron sus armas en las mesillas de noche o bajo las almohadas, y en pocos minutos todos dormían el sueño de los que saben que han librado una buena batalla.

CAPÍTULO CINCO

DURANTE LOS DÍAS SIGUIENTES, LA mayoría de las cartillas de racionamiento salieron de la casa y pasaron a otras manos. Una mujer que llegó delgada y se marchó con aspecto de joven embarazada se llevó de contrabando 600 cartillas a otra ciudad. Un panadero de una ciudad vecina pasó por allí para repartir pan y se llevó varios centenares de tarjetas bajo sus productos de panadería. Un camión de Correos se acercó a la casa a plena luz del día y se marchó con un par de miles de tarjetas para la ciudad de Amersfoort. El cartero llenó dos bolsas de correo y las echó entre las demás. Se dejaron pequeños paquetes de entre 20 y 50 en varias direcciones.

Robert, vestido de nuevo como Evelyn, lleva una maleta llena de cartas a Leiden, donde tiene amigos en el metro. Pero volvió el mismo día con la maleta aún llena; sus amigos ya tenían muchas cartas y no podían usar más.

—¡Escucha, tío Henry! —dijo—. Hay algo mal en nuestra organización. Todavía tenemos más de 3000 cartillas de racionamiento para este periodo, y no vamos a poder deshacernos de ellas a tiempo. Caducan esta semana. Así que robamos todas esas tarjetas para nada.

Tenía razón. Iban a quedarse con cientos de cartillas de racionamiento caducadas, mientras miles de buzos de todo el país pasaban hambre porque no tenían cartillas para la comida. Tenían que encontrar más contactos.

La única solución era ponerse en contacto con la organización nacional que recaudaba dinero para los buzos, la L. O., que ya tenía establecido un sistema de distribución a escala nacional. Hasta ahora, el tío Henry se había opuesto a esa medida. Era independiente y no quería recibir órdenes de un burócrata de una ciudad lejana.

Además, si varias personas en Ámsterdam o La Haya sabían de su existencia, esto solo aumentaría sus posibilidades de ser traicionados. Un solo traidor podría hacer que los atraparan. Pero ahora tenía que admitir que necesitaban un contacto así. Aquella misma noche salió a buscar a un hombre de los alrededores que tuviera relación con la L. O. El hombre prometió transmitir la oferta del tío Henry lo antes posible.

Una vez tomada la decisión, el tío Henry se dio por satisfecho. Había dejado de planear más trabajos: ¿para qué arriesgar sus vidas si no sabían qué hacer con la mercancía? Pero ahora estaba ocupado haciendo planes de nuevo, y se fue temprano a la mañana siguiente para discutir el robo de otro centro de distribución. Joe le acompañó.

Cuando regresaron aquella noche, era evidente que algo había ido mal. El tío Henry se quitó el sombrero, disgustado. El centro de distribución de la región de Achterhoek había sido asaltado la noche anterior por otro grupo de la resistencia. Habían conseguido unas diez mil cartillas de racionamiento. Pero en la huida se habían enzarzado en un tiroteo con una patrulla alemana. Un oficial alemán había muerto, y ahora toda la ciudad era un caos. El S. D. estaba revolviendo las casas e incluso paraba y registraba a todo el mundo en las calles.

Sin embargo, mientras Joe esperaba fuera de la ciudad, el tío Henry había conseguido comunicarse con su contacto. El hombre ni siquiera se atrevió a dejarle entrar en la casa, pero tío Henry había exigido saber qué estaba pasando. El hombre juró que el otro atentado le había pillado por sorpresa. Así que dos grupos habían estado planeando el mismo trabajo al mismo tiempo, y la cuidadosa planificación y preparación del tío Henry había sido en vano. Esto reveló dramáticamente la necesidad de cooperación entre los pequeños grupos de resistencia dispersos.

—¿Qué más tenemos en el orden del día? —preguntó Robert-Evelyn, que holgazaneaba en el davenport.

—No mucho... no por ahora, al menos —dijo tío Henry, frunciendo el ceño—. ¿Por qué?

—Bueno, he pensado que si no se cuece nada en los próximos días, me gustaría ir a Leiden y que me hicieran un carné nuevo. Necesito uno. Echa un vistazo a esto.

Metió la mano bajo el jersey y sacó el último número del boletín de la policía, que un compañero le había dejado aquella tarde. Entre otras docenas de noticias, había un informe detallado del atraco al centro de distribución y otro más breve de la emboscada al policía. En ambos informes se describía detalladamente a Evelyn. El del atraco al centro de distribución incluso daba su nombre. Así que uno del grupo debió de pronunciarlo durante el atraco.

—«Mujer vestida con traje gris, estatura superior a la media, de unos 25 años, delgada, voz de contralto, posible disfraz de mujer». ¡Vaya! Ese alcalde y su familia deben haberte echado un buen vistazo, pequeño Evie.

Intentaron arrebatarse la revista de las manos unos a otros hasta que finalmente el tío Henry se hizo con ella.

—Intento de asesinato de un policía —leyó.

—¡Protesto! —gritó Joe—. Si hubiéramos querido matar a ese policía gordo, estaría muerto como una caballa. Hubiera sido más fácil si lo hubiéramos liquidado".

—¡Cállate, Joe! Dale, tío, sigue leyendo.

Las descripciones del trío eran sorprendentemente exactas: Joe y su acento sureño, John y su cabello rubio y su tez rubicunda... todos los rasgos principales estaban ahí. La policía sospechaba que las mismas personas habían participado en ambos crímenes, decía el boletín.

—Las cartillas de racionamiento robadas se las llevaron en un automóvil —leyó el tío Henry—, al parecer un Chevrolet sedán.

—¡Ja, ja! ¡Genial! —gritaron, golpeando al tío Henry en la espalda—. ¡Tu truco ha funcionado! Te han montado con estilo. Me pregunto de dónde habrán sacado esa marca.

—«Debe darse la máxima prioridad a la detención y arresto de las personas descritas. El alcalde ha ofrecido una recompensa de 1000 florines por información que conduzca al arresto de los autores de dicho crimen». —Joe y Leo se rieron a carcajadas.

—¡Ese alcalde cobarde! Debe de estar intentando ganarse de nuevo la simpatía de sus superiores alemanes. ¡Mil florines! Ni siquiera eran doscientos florines por cabeza. Ser un Judas no era muy rentable en estos días.

—Es la oferta y la demanda —dice Robert-Evelyn—. Una gran oferta hace bajar los precios.

—¡Pues me siento insultado! —gritó Leo —. La próxima vez que estemos por el barrio, tendremos que demostrarle al pequeño burócrata que valemos mucho más.

—Tienes que estar de acuerdo, sin embargo, en que los días de Evelyn están contados —dijo Robert-Evelyn—. Necesito una nueva identificación.

—Puedes conseguir una por aquí —dijo el tío Henry.

—Sí, pero no me satisface fácilmente —respondió Robert-Evelyn—. La mitad del país va por ahí con identificaciones falsas, y la mayoría son inspectores del S. C. C. o pastores auxiliares. Yo quiero algo más que eso. Conozco a alguien en Leiden que puede conseguir documentos de identidad oficiales. Estaré con la policía alemana. Con ellos en el bolsillo, si un policía alemán se me acerca en el tren, le daré una palmada en la espalda y le diré: «¡*Heil Hitler*, amigo!». Podré llevar cualquier cosa, incluso armas.

—Los hombres también se beneficiarán cuando salgan conmigo. ¿Qué hay más seguro que viajar con un policía alemán? Dentro de tres días, Evelyn ya no existirá, pero de sus cenizas surgirá el agente del S. D. más gallardo del país.

—Oye, si se va a ir unos días, a mí también me gustaría ir a algún sitio —dijo Leo—. ¿Por qué quedarme aquí aburrido? Tengo unos amigos al norte de aquí.

—Y yo... —empezó John.

—¡Tú también no! —dijo el tío Henry—. ¿Adónde te propones ir?

John sintió que empezaba a ruborizarse cuando los demás le miraron. ¿Sabían que tenía una chica en Róterdam? Hacía más de seis semanas que no veía a Rita.

—Un hombre joven, de cabello rubio y su tez rubicunda —citó William del boletín policial, con una sonrisa de oreja a oreja.

—Bueno, ya que de todas formas van a ir a algún sitio —dijo Pete despacio, como sumido en sus pensamientos—, entonces yo también podría...

—Quieres ir a ver a tu mujer —terminó el tío Henry por él—. Pero ése sería el peor lugar del mundo para que fueras. Todo el mundo allí te conoce. Una palabra de un traidor o incluso de un cotilla, y en vez de estar en la resistencia, estarás bajo tierra. Por supuesto, eres un hombre libre. Puedes ir donde te plazca. Pero, por favor, mantente alejado de tu ciudad natal. ¿De acuerdo?

—No pasa nada; de todos modos, me daría demasiado miedo acercarme —dijo Pete, como si hablara consigo mismo.

—¡Y bien que deberías estarlo! Escuchen, chicos, propongo que nos tomemos todos una semana de vacaciones. Eso les dará a todos tiempo para ocuparse de algunos asuntos personales. Pero en una semana los quiero a todos de vuelta aquí. ¿Entendido? ¡Una semana! Eso es el miércoles a las diez de la noche. Para entonces me habré reunido con la L. O., y deberíamos tener algo nuevo sobre la mesa. ¡Pero mantengan los ojos y los oídos abiertos para pistas de otros trabajos! Y ten siempre presente que nuestro trabajo es sabotear la maquinaria nazi siempre que tengamos ocasión.

—¿En qué parte del país? —preguntó alguien.

—¡Por supuesto! —dijo el tío Henry—. Somos una unidad móvil. Servimos a toda la nación. Otra cosa. Si alguno de ustedes sabe dónde podemos conseguir una chica que pueda pasar mensajes y cosas de contrabando a través del país para nosotros, tráiganla. La vamos a necesitar ahora que Evelyn se va a suicidar.

—Ah, la echaremos mucho de menos —dijo William, poniendo cara triste—. Era la media naranja de Robert.

—Y no traigas a casa a una imitadora por error —advirtió Leo.

—Así es. Queremos una cara bonita de verdad por aquí, para variar —dijo Joe.

Estaban de un humor ruidoso y bullicioso, pero la tía Nellie estaba tranquila.

—Y hoy acabo de recibir un hermoso trozo de ternera —dijo con tristeza. ¿Qué voy a hacer con ella, ahora que todos se van?

—¡Qué! No te preocupes por eso, tía Nellie —dijeron—. Eh, chicos, no podemos dejar a la tía con un buen trozo de carne en las manos, o estará gorda y perezosa cuando volvamos. ¿Quién quiere un pequeño tentempié antes de dormir? ¡Vamos, Joe! Sabes cómo preparar un filete. Calienta una sartén. ¡Pon un poco de mantequilla! Tenemos un montón de tarjetas de mantequilla arriba. ¿Qué te parece? Tía Nellie, ¿dónde escondes ese filete?

La tía Nellie empezó a pasearse de un lado para otro y, pasadas las once, se sentaron a comer bocadillos de bistec. Riéndose de nuevo, la tía Nellie les prometió un festín similar dentro de una semana exactamente, si todos llegaban a casa a tiempo. Recibió un abrazo y un beso de buenas noches de todos sus chicos antes de irse a la cama.

A la mañana siguiente partieron todos, uno tras otro. Cuando John estaba listo para partir, esperando a William, que iba con él parte del camino, su hombre de contacto local llegó pedaleando a la casa con un mensaje urgente para el tío Henry.

—Tienes que estar en el Café Monopole de Ámsterdam a las tres de esta tarde para reunirte con los dirigentes de la O.L. —dijo el hombre.

—Esa fue una respuesta rápida —dijo el tío Henry, sorprendido—. ¿Cómo respondieron tan rápido?

—No te asustes —rió el mensajero—. Llevan varios días buscándote. Empezaron a preguntar en cuanto se enteraron de que habías atracado el centro de distribución.

—¡Bien, ahora escucha bien! A las tres en el Café Monopole. Espera a un señor bien vestido con un ejemplar doblado de *Raza y Nación* en la mano. Acércate a él y pregúntale: «¿Puede decirme cómo llegar al Museo Estatal?» Si te contesta: «¿Va a ver *La ronda de noche* de Rembrandt?», es el mensajero, y te guiará hasta el lugar de encuentro. Ah, otra cosa. Debes traer a alguien contigo, un profesor llamado John Van der Sloep.

Otra sorpresa.

—¿Cómo es posible? —preguntó el tío Henry—. ¿Cómo demonios aprendieron tu nombre en Ámsterdam, John?

—Oye, hombre —dijo William—, te estás haciendo conocido en los círculos altos.

John tampoco lo entendía. Vio con decepción cómo William se iba solo a la estación de tren. Pero cuando se sentó con el tío Henry en el salón, de repente lo supo y el corazón le dio un vuelco al pensarlo. ¿Quién conocía mejor el alias de su identificacion que el hombre que lo había hecho? Su padre.

El Café Monopole estaba lleno de uniformes alemanes. Por sí solo, John no se habría atrevido a entrar. Siguió la ancha espalda del tío

Henry mientras se abría pasc entre las pequeñas mesas, buscando un sitio vacío. Mientras lo hacía, cayó en la cuenta de que aquel era un lugar de reunión ideal. Nadie esperaría que los trabajadores de la resistencia buscaran la compañía de oficiales alemanes.

Pero había que saber poner la cara adecuada, y el tío Henry lo hacía mejor que John. Se metía el pulgar en el chaleco, sacaba el labio inferior y observaba la habitación como un mariscal de campo que tiene todo bajo control. Removía el café como si fuera una maniobra militar. Pero cuando le dio un sorbo, perdió momentáneamente la compostura.

—¡Blah! ¡Agua sucia! ¡Dame el café de la tía Nellie cualquier día! —Y se negó a tomar otro trago. En algunos aspectos lo tenían mejor que sus conquistadores.

A las tres menos dos, un joven pequeño y bien vestido entró en la cafetería con un periódico enrollado en la mano. Se quedó de pie junto a la puerta observando el restaurante y golpeando distraídamente el periódico contra su hombro. Sus ojos se posaron en el tío Henry y se movió lentamente en su dirección. John se fijó en el pin de la M. N. S. que llevaba en la solapa del abrigo. Era un tipo apuesto con aire de joven ejecutivo.

—¿Está ocupada esta silla? —preguntó.

—Depende —dijo el tío Henry, mirándole directamente a los ojos—. Si puedes decirnos cómo llegar al Museo Estatal, ¡es tuyo!

—Me temo que *La ronda de noche* ya no está —dijo el joven con una sonrisa—. ¿Nos vamos? Me llamo Vriend.

John siguió a los dos hombres a través de una concurrida plaza y por un bulevar arbolado. Estaba disfrutando del paseo, aunque era un día oscuro y lluvioso. Hacía poco tiempo había estado encerrado no muy lejos de allí, temeroso de asomarse a la calle, de día o de noche. Ahora paseaba por la calle libre y tranquilo. Todos y cada uno de los policías habían

recibido la orden de detenerle, pero él era libre. Sacó pecho y respiró hondo.

Vriend se detuvo frente a un edificio de apartamentos en una tranquila calle lateral. Tenían que ir al piso de arriba, dijo. El señor Vriend llamó y los condujo escaleras arriba. Aunque estaba bastante oscuro en el rellano, John reconoció inmediatamente la figura que había en lo alto de la escalera. Pasó volando junto a su guía y abrazó a su padre, que le esperaba.

—¡Me alegro de verte! Me alegro de que hayas venido —dijo su padre, mirándole y abrazándole de nuevo—. Te vas a quedar un par de días, ¿verdad? Estupendo. Así tendremos tiempo para hablar.

—Ah-ha —dijo el tío Henry—. Ahora veo qué es qué. De tal palo tal astilla, Sr. Van der Sloep.

—Van Kampen —le corrigió el padre.

—Oh, de acuerdo. Todo es posible en estos tiempos locos… incluso padres e hijos con nombres diferentes. ¿A dónde vamos?

En una sala que daba a la calle, una docena de hombres se sentaban alrededor de una mesa. John tomó asiento junto a una de las ventanas. Alrededor de la mesa había hombres de todas las clases sociales: un granjero con una pipa de tallo largo; un caballero con barba de Vandyke —parecía un profesor, pensó John—; un joven vestido como si hubiera venido directamente de la fábrica. En la cabecera de la mesa se sentaba un hombre de pelo rubio y rizado. A veces se dirigían a él como «Reverendo» y otras como «Fritz». Así que este hombre era el legendario «Fritz el vagabundo», uno de los fundadores de la L. O. Había vagado de un extremo a otro del país, exhortando a la gente a resistir.

Eran los líderes de la resistencia, los generales del ejército secreto en el que John también era soldado. Entre ellos estaba su padre, un poco más delgado de lo habitual y con un bigote plateado. De vez en cuando, los ojos del padre se posaban en él y un par de veces le guiñó un ojo. Había algo diferente en él, algo aparte del bigote, y eso inquietaba a John.

Los hombres de la L. O. felicitaron al tío Henry por el éxito de su grupo. A partir de ahora, asistiría a las reuniones de la L. O., informaría al comité de sus planes y distribuiría las cartillas de racionamiento a través de los mensajeros de la L. O. La L. O. también acordó ayudar al tío Henry a mantener a los hombres de su grupo; cada hombre recibiría veinte florines a la semana para alojamiento y comida.

Una mujer entró en la sala con una bandeja llena de tazas de té y la conversación se interrumpió durante un rato.

Sorbiendo su té, John miró hacia la calle. Una mujer joven salió del edificio de apartamentos de enfrente y bajó la escalera con su autocito. Un hombre de unos treinta años, encorvado, con gafas redondas y boina, paseaba junto a la calesa. ¿El marido? No, aparentemente no. Ahora pasaba junto a la mujer. Debió de sentir los ojos de John clavados en él, porque miró hacia las ventanas.

En la sala, alguien estaba repartiendo ejemplares del último número de *Holanda Libre*, y John cogió uno para leerlo. Al final de la reunión, devolvió el periódico al hombre de la barba y esperó a su padre junto a la ventana. La madre del otro lado de la calle subía lentamente el carrito del bebé por la escalera, paso a paso. El hombre de las gafas y la boina también había vuelto. También debía de vivir en el barrio. O quizá no. Parecía perdido, o buscando a alguien.

El padre por fin era libre. Bajaron las escaleras con el tío Henry pero se separaron en la acera. John tuvo que prometer una vez más que volvería el miércoles siguiente.

—Caminemos— sugirió su padre—. Los tranvías están terriblemente llenos a estas horas, y ha salido el sol.

John sintió una maravillosa sensación de paz mientras caminaba junto a su padre en la tranquila tarde de verano. Se detuvieron en un puente y se apoyaron en el pretil para ver pasar por debajo una barcaza remada por dos hombres. Las gotas que caían de los extremos de los palos captaban el sol, brillando brevemente como diamantes antes de volver a salpicar el agua. Un chico y una chica paseaban cogidos del brazo por el canal. El sonido de una paloma arrullando cruzaba el agua como si dijera que aquí el mundo no estaba desquiciado, que aquí reinaban la bondad y la felicidad.

Se quedaron allí mucho después de que la barcaza hubiera desaparecido. A John le parecía que no había lugar más seguro que la ciudad. Podías ir donde quisieras y nadie te prestaba atención. Mezclado con los miles de rostros de la calle, te escondías a la vista de todos. Por primera vez en mucho tiempo, tuvo una sensación de bienestar que no era solo un estado de ánimo. Era...

Miró a su padre a la cara y se llevó un susto repentino. Había lágrimas en los ojos de su padre.

—¿Qué pasa, papá? —preguntó ansioso.

—Oh, nada. Nada de nada —dijo él, intentando reírse. Y echó su brazo alrededor de los hombros de John—. John, hijo mío, no sabes lo feliz que me hace verte. ¿Qué hora es? ¿Casi las siete? Tenemos que darnos prisa. Alguien viene a verme a las siete y media. Vamos.

Siguieron caminando por la ciudad, con el brazo del padre aún apoyado en el hombro de John.

CAPÍTULO SEIS

EN UNA CALLE ESTRECHA Y TRANQUILA, el padre se detuvo. Al otro lado de la calle había una vieja tienda de comestibles que se había inclinado y ahora se apoyaba en el almacén contiguo, más viejo pero más fuerte. El escaparate estaba vacío, salvo por un cartel que anunciaba té indonesio, en el que aparecía una hermosa mujer javanesa con un colorido pareo.

—Mientras ese cuadro esté colgado en la ventana, todo va bien —dijo el padre—. Así que siempre que vengas a casa, busca el cartel. La tienda está siempre cerrada, porque hace más de un año que no tiene nada que vender. La entrada está al lado, en el número 17.

En cuanto el padre pulsó la señal de la V en el timbre, la puerta se abrió. Les recibió una amable mujer de mediana edad con un vestido muy sencillo.

—Hola, Sophie —dijo el padre—. Me gustaría presentarte a mi hijo. Puedes llamarle John. ¿Está bien si vamos directamente arriba?

Subieron a un pequeño dormitorio con papel pintado floreado. Había una cama de matrimonio plegada contra la pared y cubierta con una cortina. El padre abrió la ventana para que entrara un poco de aire fresco. Luego, mientras vertía un poco de agua en un cuenco sobre la cómoda, John miró por la ventana. Abajo vio una boina marrón que se balanceaba por la acera, y luego un destello de luz sobre unas gafas. ¿Era el mismo tipo que había visto antes? No era probable. Sería toda una coincidencia en una ciudad de este tamaño. Mucha gente llevaba boinas como esa.

—Ya tienes la mente de un combatiente de la resistencia —dijo el padre con una sonrisa—. ¿No estabas buscando otra vía de escape? Es uno de los inconvenientes de esta casa. Solo tiene una salida. Los edificios de los lados son bastante más altos, así que no puedes escapar por los tejados. Pero dos excelentes escondites compensan las desventajas. Te los mostraré en un par de minutos.

Cuando ambos se hubieron aseado, condujo a John a una habitación en la parte trasera de la casa. Había una mujer sentada en la cama bordando. Se parecía mucho a la mujer que les había dejado entrar, salvo que estaba mucho más pálida y su pelo se estaba volviendo gris.

—Disculpe, Sra. Steen —dijo el padre—. Este es mi hijo, John. Me gustaría enseñarle nuestro refugio, si le parece bien.

Abrió un armario de ropa, que estaba lleno de ropa, se agachó y levantó una trampilla que había en el fondo del armario.

—Algo bueno de estas casas antiguas del siglo XVIII es que tienen muchos espacios muertos —dijo—. Podemos meternos aquí si es muy necesario y cerrar la trampilla desde el otro lado. ¿Lo ves? Cuando esas vigas se deslizan por aquí debajo, esta trampilla es tan sólida como el resto del suelo. No se puede levantar. Un conducto de ventilación baja al espacio desde el techo. Ponemos un colchón ahí abajo y un poco de comida. La habitación contigua tiene un refugio similar. Así que estamos preparados para cualquier cosa, ¿verdad Sra. Steen?

La mujer postrada en cama se rió y asintió. Charlando con ella, John se enteró de que llevaba diez años enferma. Pero no era una mujer infeliz. Al contrario, tenía una risa fácil y no parecía descontenta en absoluto. En la pared, sobre su cama, colgaban tres textos bordados con flores: «Dios es mi ayudador», «Echad toda vuestra ansiedad sobre Él» y «Alma mía, alaba a Jahová». Ahora estaba ocupada con «Pedid y se os dará». La «P», con todos sus bucles y volutas, estaba casi terminada.

—¿Qué te parece mi trabajo? —le preguntó a John, mostrándoselo para que lo examinara. Y John, por supuesto, le contestó que era precioso, muy bien hecho, y que no entendía cómo podía hacer puntadas tan pequeñas. Ella se quedó boquiabierta. Le dijo que nadie le había enseñado a bordar, que lo había aprendido sola. Ya había vendido 40 textos enmarcados, y el dinero era para la resistencia. A pesar de estar postrada en la cama, estaba ayudando en la lucha contra los nazis.

En el comedor les recibió un anciano alto y ancho de hombros al que todos llamaban abuelo Meyer. Estaba sentado a la cabecera de la mesa, con un casquete negro sobre el pelo blanco y las manos cruzadas delante de la mesa. Había nueve sitios en la mesa, y cuando «tía» Sophie tocó el gong, la gente entró en el comedor desde todos los rincones de la casa: una pareja judía de pelo canoso, dos chicas judías en la adolescencia, obviamente hermanas, y un tipo de aspecto robusto de la edad de John, que se presentó como Ralph.

El abuelo Meyer dirigió la oración, hablando con Dios como si estuviera sentado frente a él en la mesa. En la pared, sobre su cabeza inclinada, había otro de los textos de la señora Steen. «Jesús vencerá». Encima de la chimenea colgaba un cuadro de la reina Guillermina cubierto con una cinta naranja.

Después de cenar, Sophie le entregó al abuelo Meyer una Biblia. La abrió por Isaías 54 y leyó como si las palabras fueran suyas y él mismo un profeta. Al llegar a los últimos versículos, hizo una pausa y miró alrededor de la mesa, posando sus ojos en John por un momento. Luego continuó: «Toda herramienta que fuere fabricada contra ti, no prosperará; y tú condenarás toda lengua que se levantare contra ti en juicio. Esta es la heredad de los siervos de Jehová, y su justicia de por mí, dijo Jehová».

A John le impresionó tanto la lectura que, cuando volvieron al pequeño dormitorio de arriba, le preguntó a su padre por el anciano. Él le dijo que el abuelo leía el pasaje de Isaías una vez a la semana, sobre todo si había un invitado nuevo a la mesa.

—Nunca antes había conocido a un hombre con una confianza tan profunda en Dios —dijo el padre—. Es como si se sintiera invulnerable. Aunque trajera aquí a toda la resistencia, no le importaría. Nada es demasiado y no rechaza a nadie. Él y sus dos hijas creen que la casa está custodiada por ángeles. ¿Y quién sabe?

Desde abajo llegó el sonido del timbre. ¡Ring-ring-ring-rrring! La señal de la V.

—Es para mí —dijo el padre—. ¿Por qué no empiezas a escribirle una carta a mamá y luego yo añado unas líneas? A ella le gustará eso: recibir una carta combinada de nosotros. Recuerda, sin direcciones.

John llenó dos páginas por ambos lados y luego escribió una carta aún más larga a Rita. También le escribió una breve carta al tío Gerrit. Durante esas horas, su padre subió tres veces, y cada vez era llamado de nuevo por la señal familiar. El reloj de una iglesia vecina había dado las diez cuando subió por última vez.

Suspiró cansado.

—Mañana saldremos de aquí —prometió—. Conozco un buen sitio donde ninguno de nuestros camaradas podrá encontrarnos. Podremos estar solos un tiempo.

Apagó la luz y abrió la cortina. Luego se sentaron junto a la ventana abierta. En lo alto, escuadrones de bombarderos ingleses y americanos surcaban la negrura de la noche rumbo a los centros industriales de Alemania. Los pálidos dedos de los reflectores arañaban impotentes el cielo.

Oyeron al abuelo subir las escaleras dando tumbos y luego entonar sus oraciones vespertinas al otro lado de la delgada pared que los separaba. Volvieron a cerrar las cortinas, encendieron la luz y se prepararon también para acostarse. John estudió a su padre. Parecía cetrino por el cansancio, y cuando echó la cabeza hacia atrás para tragarse una pastilla, casi perdió el equilibrio.

—¿Estás medicado? —preguntó John.

El padre bebió un trago de agua, hizo una mueca y luego se rió.

—No, estoy bien. Es solo un somnífero.

—Estás demasiado ocupado.

—Oh... quizás. ¿Por qué no duermes junto a la pared? Así no te despertaré si me levanto. A veces me siento un rato junto a la ventana si no consigo dormirme enseguida.

Se tumbaron uno al lado del otro, hablando tranquilamente en la quietud de la noche. Hablaron de la madre y de los niños, sobre todo de Fritz. Era una preocupación constante para su madre, pues, como era joven, ya hacía recados para la resistencia. Como siempre, era muy audaz y temerario. Y hablaron del trabajo de John con el grupo del tío Henry. Y sobre la vida después de la guerra, cuando una vez más podrían vivir juntos en paz. Reconstruirían su casa en el campo y vivirían como antes, sin miedo ni peligro. Volverían a poder ir donde quisieran y decir lo que pensaban. Volverían a ser libres. Sí, libres... Casi habían olvidado cómo era. Mientras trataba de imaginar el futuro, los ojos de John se llenaron de lágrimas de añoranza y dolor, confusión y desesperación, esperanza y alegría.

—¿Has pensado alguna vez que quizá nunca lo veamos? —le preguntó el padre tras un largo silencio—. Puede que no lleguemos al final, John. No todos los que luchan por la libertad la verán.

John no contestó. No podía. Parecía que se le había cerrado la garganta al pensar que su padre podría no estar con ellos al final de la guerra.

—Por eso quería que te quedaras con el tío Herman —continuó la voz de su padre—. Sí, sé que fue duro para ti. Pero ¿y si pudiera encontrarte otro lugar, donde tuvieras algo que hacer? Como una granja o algo... ¿Sigues despierto, John?

—Sí, papá.

Se tumbaron uno al lado del otro escuchando su respiración.

—Pero tu vida es más importante para mamá que la mía, papá. Deberías dejarlo. Te estás volviendo loco. O al menos deberías alejarlo un tiempo. Necesitas paz y descanso.

De nuevo el silencio. El padre lanzó un profundo suspiro.

—Bueno, ¿tengo razón? —insistió John.

—Tal vez —concedió el padre—. A veces pienso que esta vida me está volviendo loco. No es solo el trabajo, es también el miedo y la incertidumbre. Y preocuparme por mamá y por todos ustedes. Lo más aterrador es que el trabajo sigue creciendo; es muy difícil decir que no, porque siempre hay vidas humanas de por medio. ¿Parar? Me temo que eso es imposible, John. No solo no puedo dejarlo. Tampoco quiero. Nadie puede, una vez que ha sido arrastrado a este trabajo. Si me escondiera ahora, pronto estaría subiéndome por las paredes. ¿Sabes lo que quiero decir?

—Sí —dijo John—. Eso es lo que me pasó cuando estaba en casa del tío Herman.

—Me alegré de oírlo —dijo el padre. Pero luego se corrigió—: O quizá debería haberme alegrado, pero no me alegré. Significaba que podría perderte. No podía soportar esa idea, John. Aún eres muy joven. Aún tienes toda la vida por delante.

Una nota de desesperanza se había colado en la voz de su padre, y John recordó la cara de su padre en el puente aquella tarde. Le tendió la mano en la oscuridad y tuvo que esforzarse por controlar la voz.

—Te preocupas demasiado por los demás —le dijo a su padre—. Si prometes no preocuparte por mí, yo prometo no preocuparme por ti. Así cada uno podrá cuidar de sí mismo. Eso nos ahorraría muchas preocupaciones a los dos, ¿verdad? Recuerda, ¡eres un preocupón!

Ése era uno de los nombres con los que su madre llamaba a su padre cuando este se paseaba por la casa. John oyó que se reía. Había superado su momento de desesperación.

—Sí, John, vale la pena dar la vida por esta lucha. Estamos luchando por una de las cosas más importantes del mundo: ¡la libertad de conciencia! ¡Pero uno de nosotros debe sobrevivir, John, para cuidar de mamá y los niños!

«Uno de nosotros debe sobrevivir». John seguía dándole vueltas a esas palabras cuando el reloj del campanario de la iglesia derramó doce notas puras en la noche.

Apenas se había dormido, al parecer, cuando su padre lo sacudió. Alguien golpeaba y gritaba, y el timbre de la puerta no dejaba de sonar.

—¡Despierta, John! ¡Es un ataque! Los alemanes están aquí. ¡Vamos, John! ¡Rápido!

El padre levantó la cama contra la pared y corrió la cortina que la cubría. Luego revisó su revólver y lo metió en el bolsillo de la bata.

—¡Coge tu bolso y tu ropa, y sígueme!

El vestíbulo estaba lleno de gente corriendo en todas direcciones. Las niñas, atontadas por el sueño, eran arrastradas por Ralph y Sophie. La pareja de ancianos se apresuraba a pasar, cogidos del brazo, con la mujer gimiendo de miedo. El abuelo, todavía atándose la bata, bajaba a abrir la puerta. La señora Steen iba dando tumbos por el dormitorio, recitando su texto más reciente: «Pedid y se os dará».

Abrieron el armario y el agujero negro de la trampilla bostezó desde el suelo. ¡Primero la pareja de ancianos! Pero la anciana se quedó atascada en la abertura. A medio camino, tuvo miedo de dejarse caer porque no sentía nada bajo sus pies. Gritó de terror y finalmente se soltó.

El viejo fue más rápido. Y entonces John estaba arrojando su bolsa y su ropa al agujero. Al aterrizar, el padre cayó encima de él. Pero volvió a levantarse de un salto, cerró la trampilla y deslizó las vigas en su sitio. ¡Si la señora

Steen se hubiera acordado de cerrar la puerta del armario! John palpó un colchón, una lata de galletas y luego las piernas de la anciana. Seguía gimiendo.

—Pon tu mano sobre su boca —susurró el padre—. Yo me quedaré junto a la trampilla. —Pero su marido ya estaba con ella—. ¡Cállate, esposa! —susurró—. ¡Cállate! Oh Señor de los ejércitos.

John lo hizo a un lado con el codo y tumbó a la mujer en el colchón. Sintió una almohada bajo la mano y la cogió, preparándola para ponerla sobre la cara de la mujer, si era necesario. Pero ahora estaba quieta. Ella también debía de haber oído que los alemanes estaban dentro. Unas botas pesadas pisoteaban la casa. Un golpe y luego el ruido de cristales rompiéndose.

—¡Mientes, mientes! —gritó una voz ronca en alemán. Era un grito de rabia.

Las puertas se abrieron y cerraron de golpe. Un par de hombres subieron las escaleras. John sintió que el suelo vibraba bajo sus pies.

Lo único que temía era que la mujer volviera a gemir. Aún tenía la almohada preparada. Ahora los soldados estaban en el dormitorio, a no más de dos metros de distancia. Golpeaban las paredes y el suelo con las culatas de sus fusiles.

—¿Dónde están? —bramó una voz.

Lo único que oyeron de la respuesta de la señora Steen fue la palabra «enferma». El resto quedó ahogado por el taconeo de las botas. La puerta del armario chirrió. Unas manos tantearon y golpearon la pared. John se estremeció cuando la culata de un rifle golpeó directamente sobre la trampilla. Luego se hizo el silencio. Los pasos retrocedieron. No habían descubierto su escondite. La Sra. Steen fue arrastrada escaleras abajo. Pero había otros soldados arriba. John podía oírlos hablar en otra habitación.

—¡Alguien durmió aquí! La cama aún está caliente.

—¡Están aquí en alguna parte, esa escoria! Los encontraremos.

Esta última era la voz de un holandés. Así que había un traidor con los alemanes, ayudándoles a buscar y capturar a su propia gente. Y parecía saber lo que hacía. Había encontrado el refugio en la otra habitación. John pudo oírle gritar a los demás que salieran. Se rió triunfalmente mientras las dos gimoteantes chicas eran perseguidas escaleras abajo.

De repente, John oyó un ruido de pies y un fuerte golpe contra la pared. Entonces el traidor empezó a maldecir. Ralph debía de estar luchando.

Pero pronto empezó a ser golpeado y pateado escaleras abajo. Cada sonido llegaba hasta el refugio donde John y su padre estaban escondidos, para que pudieran seguir exactamente lo que ocurría. John se mordía el labio inferior mientras intentaba controlarse. Solo tenían un revólver. No podían hacer nada contra todos aquellos soldados. Intentar ayudar a los demás sería una locura. Solo podían callar y esperar.

John descubrió que estaba cubierto de sudor de pies a cabeza. Incluso tenía el pelo mojado. ¿Por el miedo? Pero en realidad no había sentido miedo, solo un fuerte dolor en medio del pecho, como si algo estuviera a punto de estallar. Oyó sonidos apagados en el piso de abajo: un grito, vibraciones, más risas estridentes. Luego una voz aguda de dolor:

—¡Para, para, por favor! No lo sé, de verdad que no lo sé.

—¡Esos demonios! —dijo el padre, medio en voz alta. De pronto, la anciana empezó a gemir de nuevo, pero John sofocó rápidamente el sonido con la almohada. Luego, durante un largo rato, no oyeron nada en el piso de abajo, hasta que de la calle llegó el profundo gruñido del motor de un camión que se detuvo frente a la casa. Por el sonido, estaban sacando a los demás y subiéndolos al camión. ¿Se llevaron también a la enfermiza señora Steen? Se oyó un portazo y el motor volvió a acelerar. ¿Se habían ido todos?

Escucharon, conteniendo la respiración. Algo seguía moviéndose abajo. El roce de una silla al moverse, el chirrido de la bisagra de una puerta. Alguien carraspeó. Con horrible certeza se dieron cuenta de que aún estaban lejos de estar a salvo. Alguien se había quedado para ocupar la casa. ¿Pero por cuánto tiempo? Hacía un calor sofocante en el pequeño espacio y el aire ya estaba viciado. Tal vez la rejilla de ventilación estuviera taponada. John tanteó a lo largo de la pared, buscando la rejilla de ventilación. Estaba detrás de su padre, que se apoyaba en ella.

La abertura era bastante pequeña; el respiradero parecía haber sido hecho con un tubo de estufa. Habían metido un fajo de papel en la abertura. Tal vez aún estuviera allí desde el invierno. Lo sacó y acercó la boca al agujero, respirando hondo varias veces. Luego tanteó hasta encontrar su ropa. En silencio, se puso los pantalones por encima del pijama. Luego se sentó a los pies del colchón. La anciana estaba tranquila. Parecía dormir. El anciano estaba sentado a su lado, recitando en voz baja una oración judía.

«¡Ningún arma que se forme contra ti prosperará!». Con qué seguridad y triunfo había pronunciado el anciano aquellas palabras. Pero ahora lo habían capturado. Quizá ya estaba encerrado en una celda, o quizá lo estaban torturando para obtener información. ¿Dónde estaban los ángeles que debían vigilar la casa? ¿O es que nunca los hubo? ¿Qué significaban aquellas palabras de Isaías?

John estiró la pierna para aliviar un calambre en el muslo y su pie chocó contra la pared inclinada del refugio.

—¡Shh! —dijo papá.

John contuvo la respiración, escuchando, pero solo oyó el latido de su corazón. Sentía la cabeza como si estuviera rellena de algodón. Respiró hondo un par de veces y se sintió un poco mejor. Cerró los ojos y se apoyó en la pared.

De repente, el sonido del timbre le despertó de golpe. El reloj del campanario daba las cuatro. De abajo llegaban voces y risas. Luego sonaron pasos en las escaleras. ¿Alguien los había delatado? John pudo oír a su padre retroceder hacia la trampilla. En su mente, John podía ver la pistola en sus manos. Dos hombres bajaban por el pasillo. No, no iban a venir a esta habitación. ¿Iban a empezar a buscar de nuevo?

—El viejo tenía algunos bienes escondidos. ¡Apestoso viejo acaparador! Será mejor que nos llevemos algo. No volverá. Me pregunto si tenía algo de vino escondido.

—Quizá abajo, en la tienda. O en el sótano —respondió otra voz—. ¡Miren! Por aquí. Aquí es donde se escondían. Dos tías jóvenes y un joven rudo, esquivando la llamada a filas. Empezó a balancearse como un loco, me pilló por sorpresa y me hizo sangrar la nariz. Pero le pagaremos con intereses, puedes estar seguro. En realidad íbamos detrás de otra persona. Un hombre mayor con un bigote gris. Pero había volado del gallinero. Estuvo aquí anoche. Lo vieron entrar. Pero es un cliente escurridizo. Probablemente se enteró.

Uno de ellos carraspeó y escupió al suelo.

—¡Tontos! —dijo la voz—. ¡Vaya escondite! ¿Por quién nos toman? ¿Idiotas? ¡Mira esa trampilla! Mi hijo podría hacerlo mejor. Ayer mismo decía: «Es casi imposible esconderse en una casa para que no te encuentren», pero la mayoría de la gente no sabe buscar. Golpeas las paredes y enseguida sabes dónde hay huecos. ¿Has golpeado todas las paredes de la casa?

—Por supuesto. ¿Tú qué crees? No soy un novato. ¿Quieres volver a comprobarlo?

—¿Qué? ¿Bromeas? No estoy aquí para comprobar tu trabajo. ¡Sé que tienes experiencia! ¿Puedes entender por qué un viejo como él arriesga su vida por un puñado de piojosos judíos?

—Yo no. Pero tenía agallas, ¡ese viejo! En la estación, el capitán le puso una pistola en la cabeza, ¿y sabes lo que dijo el viejo? «Adelante. Estaría orgulloso de morir por el pueblo de Dios». Y lo dijo con tanta calma como si te estuviera diciendo la hora.

—Bueno, a estas alturas probablemente ya sepa qué hora es: su última hora —dijo el otro riendo—. Tendrá su oportunidad de morir orgulloso. ¡Ese Webber es un verdadero demonio!

—Por supuesto, el viejo tampoco tiene mucho que perder. Seguro que tiene más de ochenta años. Vamos, veamos si podemos encontrar su bodega.

Bajaron las escaleras con estrépito. El padre descendió en silencio hasta el suelo.

«Quizá haya un ángel velando por nosotros», pensó John.

La anciana seguía durmiendo, agotada por el miedo. Probablemente ni siquiera había oído subir a los dos hombres. Su marido volvía a recitar oraciones en voz baja, y de vez en cuando lanzaba un gemido silencioso. Cuando John se golpeó el pie, se calló. Había un zumbido en los oídos de John, como el sonido de una ligera llovizna sobre el tejado. Y cada vez le costaba más respirar. Poco a poco fue cayendo en la semiinconsciencia, volviendo en sí de vez en cuando con un sobresalto, seguro de que había estado hablando en voz alta. Entre medias, oía el reloj del campanario de la iglesia marcar cada hora y media: cinco campanadas para las cinco, una para las cinco y media...

Ya estaría amaneciendo; el sol estaría saliendo sobre la ciudad. Un tranvía retumbaba en el exterior. Pronto se oyeron más ruidos: el timbre de una bicicleta, el silbido de una fábrica, el ruido de los automóviles, el traqueteo de las carretillas y los gritos de los niños. La ciudad se había despertado y seguía su vida normal.

¿Se daba cuenta la gente de fuera de lo maravilloso que era poder seguir con su rutina diaria? John se secó el sudor de la cara con la manga del pijama, que ya estaba empapada de sudor. Le dolía la garganta de sed, pero no había agua en el refugio. ¿Por qué no habían pensado en eso? Pensó en la lata de galletas, pero no, nunca bajaría una en su garganta reseca.

A las ocho se produjo un cambio de guardia. De nuevo, un par de hombres subieron las escaleras para echar un vistazo al escondite que habían encontrado. Los nuevos hombres empezaron a entrar en otras habitaciones y a golpear las paredes y el suelo. El padre y John se pusieron de pie con la espalda apoyada contra la pared del armario por si también hacían sonar esa pared. Eso amortiguaría el sonido. Pero los hombres parecían pasar por todas las habitaciones excepto por la de la señora Steen. El ángel seguía allí.

Entonces, una vez más, tocaba sentarse y esperar, esperar y sudar, esperar y pensar en la sed ardiente, esperar y escuchar el reloj del campanario dando las horas. ¿Cuánto duraría esto? ¿Cuándo se irían los hombres?

El timbre. ¡Ring-ring-ring-rrring! ¡La señal de la V!

¿La señal de la V? ¡Un trabajador de la resistencia! Por lo visto no sabía lo que había pasado durante la noche y estaba cayendo en una trampa. ¿Acaso el abuelo o las chicas no habían podido quitar el cartel del escaparate? El padre agarró el brazo de John y apretó hasta que le dolió. Oyeron abrirse la puerta principal, un grito y el sonido de un forcejeo. Después, silencio. Los alemanes habían hecho una captura. Más tarde oyeron voces fuertes y gritos de dolor procedentes del comedor mientras interrogaban a su camarada.

—¡No puedo soportarlo más! —susurró el padre susurró—. ¡Tengo que bajar y quitar ese cartel!

Un espasmo de miedo atravesó a John, dejándolo débil y con náuseas. Con manos temblorosas agarró a su padre y tiró de él hacia sí.

—¡No puedes! —susurró John—. Para llegar a la tienda tienes que ir justo por el comedor, y ahí es donde están ellos. ¡No lo conseguirás!

—¡Tengo que intentarlo! Si esto sigue así, atraparán a todos. —El padre trató de soltarse, pero John solo apretó su agarre.

—¡Es una locura! —susurró desesperado—. Seguro que te atrapan, y entonces tú también les habrás conducido hasta nosotros. Entonces estamos todos perdidos. ¡No irás!

—No les diré nada. Si vuelves a poner las vigas después de que yo...

—¡No! ¿Recuerdas nuestro acuerdo? —Ambos estaban jadeando, y el padre parecía estar debilitándose. Uno de nosotros debe sobrevivir. Por mamá y...

El padre se debilitó bajo las manos de John y se desplomó en el extremo del colchón. Respiraba con extraños sollozos. ¿Estaba llorando? Bien. Eso le haría bien. John le pasó el brazo por el hombro y lo abrazó con fuerza. La camisa de su padre estaba empapada.

«Tengo que quedarme con él», pensó John. «No puedo volver con el tío Henry. A veces papá es como Fritz y se lanza a ciegas sin pensar en el peligro. Si me quedo con él, quizá pueda procurar que no trabaje demasiado. Tal vez incluso pueda asumir parte de la carga».

Estaba haciendo planes como si estuviera seguro de que conseguirían salir de allí. Y de repente, en el fondo de su corazón, estaba seguro de ello, ¡absolutamente seguro! Fue solo un instante, pero ese momento de certeza le dio fuerzas. En una visión repentina se había visto a sí mismo y a su padre caminando juntos por una calle y entrando en una casa. ¿Un recuerdo de ayer? ¿O una señal del mañana, tal vez de su ángel de la guarda?

Las horas se alargaban infinitamente y luego parecían desplomarse unas sobre otras. Una y otra vez, la conocida señal sonaba en el timbre, y cada vez se producía un forcejeo en la puerta y otro camarada era interrogado en una mezcolanza de gritos y maldiciones. El padre parecía haber renunciado a la idea de salir. Estaba tendido en el suelo, inerte e inmóvil. De vez en cuando, John le oía suspirar profundamente. Pero poco después de que el timbre de la puerta sonara por sexta vez —dos veces había sido un timbre normal, no la señal de la V—, ambos se levantaron de golpe. La casa estalló en ruido, cristales rotos, sillas que chocaban, pies que corrían, gritos y un par de disparos. John y su padre murmuraban excitados, intentando adivinar qué había ocurrido. ¿Un intento de fuga? ¿Habían acudido a rescatarlos los combatientes de la resistencia? ¿O alguien había intentado sacar el cartel por la ventana?

Finalmente se decidieron por lo segundo. Pronto volvió a reinar el silencio en el piso de abajo y llegó otro camión para llevarse a los prisioneros. Ya no tenía sentido que los alemanes se quedaran. Al menos, no si entendían el significado del cartel.

Pero se quedaron, porque John oyó el golpeteo de un martillo en el piso de abajo. Y poco después alguien silbaba en la cocina mientras lavaba los platos. Ya era bien entrada la tarde y el aire era tan viciado que tuvieron que turnarse para asomarse a la rejilla de ventilación. La mujer, sin embargo, seguía durmiendo o había perdido el conocimiento. Cuando el reloj del campanario dio las tres, el padre abrió silenciosamente la trampilla, lo que pareció ayudar. John sintió que respiraba con más facilidad. Pero fue solo por un rato, pues llegó un nuevo turno y el padre se apresuró a cerrar de nuevo la trampilla. Tuvieron un susto momentáneo cuando las vigas se atascaron y luego chirriaron al ser forzadas a entrar en su sitio. La humedad debía de haber provocado la dilatación de la madera. Las paredes del recinto se humedecieron con su aliento.

Escucharon ansiosos cómo los pies volvían a subir las escaleras. De nuevo, los nazis iban de una habitación a otra, riendo y hablando. John se sorprendió a sí mismo pensando que, si los encontraban, al menos le darían aire fresco y un trago de agua.

Se sorprendió de sus propios pensamientos y se reprendió a sí mismo: «¡No seas loco! Puedes soportarlo. La gente ha salido de situaciones mucho más difíciles. Piensa en el tío Gerrit bajo el suelo de la casa en llamas. Eso tampoco fue un picnic». Cuando los alemanes volvieron a bajar, John volvió a abrir con cuidado la trampilla y sacó la cabeza con impaciencia para respirar aire fresco. Pero la puerta del armario había sido cerrada y no había pomo en el interior. Tendrían que forzar la cerradura cuando la policía se hubiera ido. ¿Cuando se hubiera ido la policía? ¿Cuándo se irían?

El padre le tiró del brazo y le guió hasta la rejilla de ventilación.

—¡Toma, te toca a ti!

Solo aguantó un par de minutos, hasta que se le doblaron las rodillas y se dejó caer al suelo por la pared mojada. La mujer se había despertado y el padre y el anciano lucharon con ella para ponerla de pie y llevarla a la rejilla de ventilación. Fue lo último que recordó antes de caer en un sopor.

—La campana no ha vuelto a sonar desde…

¿Quién hablaba? Intentó despertarse. Quería decirle a su padre que la campana no sonaba desde... desde... Pero se había perdido. Un caleidoscopio de imágenes pasó ante sus ojos. Estaba en el prado con Fritz, intentando elevar una cometa. El suelo estaba mojado por la lluvia y sus talones se hundían en la tierra. Luego estaba sentado frente a Rita en un café de Róterdam. Ella levantó su copa y le sonrió. Pero al levantar su copa, se encontró en el salón de la casa de la tía Nellie, de pie con el grupo alrededor de la mesa. Estaban cantando el himno nacional. Sobre la mesa había un bocadillo de ternera y un gran vaso de leche fría, pero no podía comer ni beber hasta que terminara la canción. Y la canción seguía y seguía, con el loco Leo marcando el ritmo con la cabeza.

El martilleo en su cabeza continuó mientras alguien le sacudía para despertarle.

—¡Shhh! John, ¿estás loco? Vaya momento para ponerse a cantar. ¿Estás dormido? ¡John! ¿Me oyes, John?

—Hmm... Hmmmm —dijo John, dándo-
se cuenta por fin de dónde estaba—. ¿Me he
quedado dormido? —preguntó en voz baja.

—Sí, varias horas... ¡Cállate! Están... cam-
biando turnos otra vez.

El padre jadeó. John se dio cuenta de que
jadeaba. No podían aguantar mucho más. Algo
tenía que ocurrir muy pronto. De nuevo se
oyeron palabras y risas, pero esta vez sonaban
como si estuvieran en su cabeza, y su cabeza
resonaba como una bañera vacía. Se agarró los
oídos con las manos. Su padre lo levantó de un
tirón y lo empujó hacia la rejilla de ventilación.
Se quedó allí un rato y luego se dejó caer al
suelo. Justo cuando volvía a quedarse dormido,
unos pasos resonaron en las escaleras. El padre
cerró rápidamente la trampilla.

Esta vez era un solo hombre, y caminaba
muy silenciosamente. Bajó por el pasillo y entró directamente en la habitación de la señora
Steen. Oyeron el clic del interruptor de la luz y
luego el chirrido de la puerta del armario. De

repente, John se despertó de golpe; se puso rápidamente en pie y se colocó junto a su padre.

«Solo es uno de ellos», pensó. «Podemos cogerle, si papá no dispara enseguida. Si no, los dos de abajo vendrán corriendo».

Entonces se oyó un suave golpecito en el fondo del armario. Tap, tap, tap, TAP.

¡La señal de la V! ¿Había venido alguien a salvarles? ¿O habían sido traicionados? ¿Era un truco para hacerles salir?

—¿Hay alguien ahí? —susurró una voz con urgencia—. Por favor, responda... Habla Hermans, el oficial Hermans. He venido a ayudar.

—¡Gracias a Dios! —dijo el padre, y aflojó rápidamente la escotilla. John vio la cabeza de un hombre con gorra de policía, que rápidamente se echó hacia atrás.

—¡Vamos, deprisa! —susurró el policía—. Cuidado, o los oirán abajo. ¿Cómo han podido aguantar tanto tiempo ahí dentro? El aire casi me enferma aquí arriba.

Todos tuvieron que empujar y tirar de la anciana para sacarla, y luego se desplomó en la cama, llorando en silencio. John fue el último en salir. Se tambaleó y tuvo que apoyarse en la pared. Pero el aire era como agua fresca, y John la bebió con avidez. El oficial les dio unos minutos para recuperarse y ponerse el resto de la ropa húmeda. Luego, con los zapatos en la mano, le siguieron en silencio hasta el vestíbulo y bajaron las escaleras.

Todavía había un alemán en la casa, pero el otro policía lo estaba distrayendo. Podían oír claramente su cháchara mientras caminaban de puntillas por el pasillo, en fila india. El padre llevaba su automática en la mano. Ahora que la libertad estaba justo delante, el miedo al fracaso era más agudo en John de lo que había sido durante toda la prueba. Pero la puerta principal se abrió silenciosamente delante de ellos y el agente los empujó hacia fuera, dándoles a cada uno una palmada en la espalda mientras cruzaban la puerta. En el exterior, fueron agarrados por otras manos y conducidos por la acera. En el grupo había una chica joven. Le sonrió a John.

—Eres un tipo afortunado —le dijo.

—Sí —dijo John—, ¡puedes repetirlo! —Qué inadecuadas le parecían las palabras en aquel momento.

—El abuelo y sus dos hijas están en la cárcel de Amstelveen Road —le dijo—. Y también las dos niñas y Ralph. Me temo que están todos muertos. Los alemanes de la casa se han llevado a cuatro de nuestros chicos esta mañana. Pero Sophie consiguió sacar un mensaje de la prisión a través de un guardia. Entonces Vriend vino corriendo y rompió la ventana con un ladrillo para derribar el cartel. Los alemanes le dispararon un par de veces, pero fallaron.

—¿Vriend? ¿El mensajero? ¿Ese hombrecito? —preguntó John—. Pensábamos... —De repente, el pánico se apoderó de él y se detuvo, mirando a su alrededor—. ¡Papá! —gritó.

Pero entonces una mano lo empujó hacia delante.

—Estoy justo detrás de ti. No te preocupes. Todo va bien. Sigue andando. No hables tanto en la calle, Jeanette. Espera a que lleguemos a casa.

Lo habían conseguido. Volvían a caminar juntos por la calle. ¡Los dos habían sobrevivido! De vez en cuando, el grupo se encontraba con alguien en la acera. La calle estaba tan oscura que a veces casi chocaban con otros. John se preguntaba cómo sus salvadores encontraban el camino con tanta seguridad a través de la casi impenetrable oscuridad, pues él estaba completamente perdido.

La anciana, que caminaba por delante de John, empezó a reírse sin parar. Cuando por fin giraron y entraron en un edificio, seguía riéndose. No dejó de reír hasta que la sentaron en un sillón y le dieron un vaso de agua. Y entonces se convirtieron en sollozos. Estaba completamente alterada.

Un vaso de agua clara y fría, increíblemente húmeda y fresca. Y luego otro. Bocadillos y café. Y la cara pálida y sin afeitar de su padre, y los ojos enrojecidos pero felices cuando le miraban: profunda y eternamente felices.

Abajo, en la mesa, estaba sentado el Sr. Dick Vriend, de aspecto pulcro y frágil, que había intentado arrebatar el póster después de romper la ventana. Solo había conseguido la mitad inferior. Otro joven lo sostenía como si fuera una bandera capturada. Dick recibió un aluvión de bromas sobre su heroísmo. Pero no se unió a las risas.

—Bueno, compañeros, déjenlo ya. Llevo toda la tarde devanándome los sesos tratando de averiguar cómo se enteraron de la existencia de esa casa. Ahora, dices que vinieron especialmente por ti —dijo, volviéndose hacia el padre—. ¿Sabes cómo?

—Me temo que no —dijo el padre.

Pero John vio de repente delante de él la boina marrón y el destello de las gafas. En algún momento de su largo calvario en el refugio, había tenido la certeza de que la extraña figura con gafas les había estado siguiendo. ¿Lo había soñado? Todo seguía confuso en su mente; aún le costaba pensar con coherencia. Pero de todos modos contó su historia. Cuando John terminó, Dick golpeó la mesa con la palma de la mano y juró que atraparía al traidor.

—¿Lo reconocerías si le volvieras a ver? —preguntó a John.

—Creo que sí —dijo John.

—Entonces mañana tú y yo iremos a la ciudad —dijo Dick—. Y si es necesario, al día siguiente, y al siguiente. Probablemente siga husmeando por ahí. No me sorprendería que nos lo encontráramos en alguna parte. No puede haber sido una coincidencia que apareciera primero en la dirección sur y luego en casa del abuelo Meyer.

—¿Crees que merece la pena ir a buscarlo? Sería como buscar una aguja en un pajar —dijo el padre, mirando a John con ansiedad.

«Otra vez preocupado por mí», pensó John.

—¡Claro que merece la pena intentarlo! —dijo John—. Si no lo atrapamos, ya no será seguro para ninguno de ustedes seguir trabajando aquí.

—Y quién sabe a cuánta gente habrá echado el ojo en otros sitios —añadió Dick—. ¡Puede que te haya estado siguiendo durante días! John, te recogeré mañana a las ocho de la mañana. Esperemos que lleve el mismo traje. Tú me lo señalas y yo me encargo del resto.

Una vez más, John y el padre durmieron en la misma cama, pero esta vez era una cama lujosa con sábanas de lino en un dormitorio grande con una araña de cristal y un lavabo para cada uno. El padre estaba de pie frente a uno de los espejos, afeitándose el bigote. Su anfitrión y su esposa se habían trasladado al dormitorio de los niños para pasar la noche, cediendo su propio dormitorio a los exhaustos padre e hijo. Pero esta noche el abuelo Meyer y sus hijas dormían en literas duras, o en el suelo, en una prisión de la carretera de Amstelveen.

A las ocho de la mañana siguiente, Dick Vriend llamó a la puerta. Llevaba zapatillas de deporte, lo que le hacía parecer aún más pequeño de lo que era. Dick y John pasaron todo el día paseando por las calles, observando a la gente. John nunca se había dado cuenta de cuánta gente llevaba boinas marrones. Escudriñaron las filas delante de todos los teatros y se agolparon entre la multitud en el mercado; comprobaron a lo largo de los bulevares donde vivía la clase alta y en las estrechas callejuelas de los barrios bajos. John aprendió más sobre Ámsterdam en un día que cualquier otro granjero del norte. Pero al final del día, no tenía nada que mostrar por todos sus esfuerzos, excepto dos pies cansados y llenos de ampollas.

Al día siguiente empezó a dudar de si reconocería al hombre aunque lo viera. Quizá ya se había cruzado con él por la calle sin reconocerle. ¿De qué color era su camisa, marrón o beige? Seguramente ya se la había cambiado. ¿Era tan pequeño como parecía desde la ventana de arriba? Tal vez las gafas redondas formaban parte de un disfraz. Y, por supuesto, tal vez llevaba ahora un sombrero o una gorra, en lugar de una boina. John le confesó sus dudas a Dick Vriend mientras tomaban una cerveza en un pequeño café, pero Dick las desechó con un perentorio gesto de la mano.

—No te rindas todavía —dijo—. ¡Tenemos que atrapar a ese traidor! ¡No me importa lo que lleve puesto! Lo has visto tres veces y lo reconocerás: por su forma de andar, su postura, la impresión total que causa. Lo sentirás en tus entrañas cuando lo veas, porque lo odias por su traición. Espera y verás. Ya he hecho este tipo de cosas antes.

Así continuaron, subiendo una calle y bajando la siguiente. Recorrieron los alrededores de la casa donde había tenido lugar la reunión de la L. O. Dick había oído que ese lugar también había sido asaltado, pero que los alemanes no habían encontrado nada. Cuando preguntaron a la gente por qué habían tenido tantos visitantes el día anterior, explicaron que había sido una fiesta de cumpleaños. Y una comprobación de sus documentos de identidad demostró que, efectivamente, el día anterior había sido el cumpleaños del hombre.

Aquella noche, tumbado en la cama, John calculó que si dejaban pasar revista a todas las personas de Ámsterdam a razón de una por segundo durante doce horas al día, tardarían veinte días. Sin embargo, al día siguiente acompañó a Dick Vriend y se mantuvo alerta. Ya tenía pocas esperanzas de encontrar al hombre. Al mediodía, Dick lo llevó a cenar a su casa, e incluso allí colocó a John junto a una ventana desde la que podía vigilar la calle.

Hacia el anochecer se armaron de valor y decidieron pasar por la calle frente a la pequeña tienda del abuelo Meyer, con la absurda esperanza de que tal vez el criminal regresara a la escena de su crimen, como en las novelas de misterio. El escaparate de la tienda había sido tapiado y todas las cortinas estaban cerradas.

Mirando hacia el segundo piso, John elevó una vez más una plegaria de agradecimiento por su milagrosa huida.

Luego se adentraron en el extremo sur de la ciudad. El cielo se estaba tiñendo de rojo y de los canales empezaban a salir volutas de niebla. Esta noche volvería a ser oscura. Un auto verde, moteado de camuflaje, les adelantó lentamente y dobló la esquina más adelante. Lo siguieron y lo vieron detenerse frente a la sede local de la policía científica. Dos hombres uniformados se apearon, sacaron a un civil del asiento trasero y lo arrastraron escaleras arriba hasta el interior del edificio. A continuación, el auto volvió a marcharse.

—Otra víctima —dijo Dick con amargura.

—¡Alto! —dijo John—. ¡Espera un minuto!

De la puerta del edificio en el que acababan de desaparecer el S. D. y su víctima, salió un hombre delgado y encorvado. Se detuvo un momento en la escalera para hablar con un oficial alemán. Luego estrechó la mano, hizo el saludo hitleriano y se apresuró a bajar a la calle.

—¡Es él! —John susurró emocionado.

—¿Estás seguro? —preguntó Dick.

—¡Seguro! Mírale: la misma boina, una camisa marrón y lleva gafas. Mira, ¡está girando la cabeza!

Siguieron al hombre mientras giraba a la derecha en la siguiente esquina y se dirigía hacia el centro de la ciudad.

—No es gran cosa —murmuró Dick—. Estoy seguro de que fue rechazado por el ejército alemán y ahora se divierte haciendo de espía. ¿Estás seguro de que es él? Dame tu palabra.

—Juro que es el mismo hombre que vi tres veces el día antes de la redada —dijo John.

—De acuerdo, te creo —respondió Dick—. En cualquier caso, solo un traidor podrido sería tan amigo del S. D. Puedes encontrar tu propio camino de vuelta esta noche, ¿no? Gracias por tu ayuda.

—No me voy —dijo John.

—¡Sí, lo harás!

—¡Escucha, Dick, no puedo dejar que lo abordes solo! —le espetó Dick—, ¿crees que necesito ayuda con un enano asqueroso como ése? Quédate aquí. Es una orden.

Dick aceleró el paso y John se detuvo. Pero cuando Dick le llevaba media manzana de ventaja, le siguió de todos modos. Doblaron una esquina a la derecha, cruzaron la calle, giraron a la izquierda y bajaron por una calle atravesada por un gran canal. Estaba oscureciendo, así que John tuvo que acortar la distancia entre él y Dick para no perderlo de vista.

Cuando Dick llegó a la esquina junto al canal, John no estaba muy lejos. John se detuvo en la esquina. Sentía instintivamente que ése era el lugar. No había gente y el canal estaba bordeado de almacenes. Una cortina de niebla gris se elevaba desde el canal, cubriendo los árboles de sus orillas. El hombre de la boina y las gafas, que ahora era solo una sombra oscura, cruzó el camino y caminó rápidamente hacia el puente. Dick le seguía de cerca, con sus zapatillas sin hacer ruido sobre el pavimento. Dos leves sombras desaparecieron en la niebla.

De repente, John se encontró casi corriendo en dirección contraria. Quería huir lo más rápido posible. Pero incluso antes de llegar al final de la manzana, un disparo resonó en las oscuras calles de la ciudad.

CAPÍTULO SIETE

AL ACERCARSE A LA CASA DE LA TÍA NE-llie por el jardín trasero el miércoles por la noche, John oyó voces procedentes de una ventana abierta. Así que la mayoría del grupo ya estaba de vuelta. Se le encogió el corazón; en los últimos días había empezado a darse cuenta de lo unido que estaba a su segunda familia.

En el salón fue recibido con una aclamación cautelosa.

—¡Hola, John! ¡Bienvenido, Johnny! ¿Dónde está tu señora?

—¿Señora?

—Sí. Se suponía que teníamos que encontrar a una chica que hiciera de mensajera, ¿recuerdas? ¿Encontraste una?

—Bueno, si es necesario, Rita vendrá — dijo John—. Dependerá del tío Henry.

Se oyó otra ovación.

—¡Son cuatro, Henry! —dijeron—. Será mejor que organicemos un escuadrón especial de mujeres. ¿Ves lo en serio que nos tomamos tus misiones?

—¿Cuatro? —preguntó John.

—Claro —dijo Joe—. Encontré una chica que estaría dispuesta a venir, como la tuya. Pero Leo y Ev... o mejor dicho, Robert, trajeron una cada uno. Las damas están arriba vistiéndose para la fiesta. El tío Henry quiere quedarse con las dos. Dice que hay mucho trabajo para dos. Si no, una de ellas puede echarle una mano a la tía Nellie. ¡Aquí están! Señoritas, permítanme presentarles a John Van der Sloep, profesor de permiso... al menos, según su identificación. John, Sylvia y Angie, las últimas incorporaciones a la familia.

John estrechó la mano de cada una de las chicas. Angie le dio un cálido apretón. Parecía una campesina franca y amistosa, aunque se mostraba un poco tímida. Sylvia le tendió una mano fría y lánguida, lo evaluó con una breve mirada y luego bajó unas largas pestañas sobre sus ojos grandes y oscuros.

John no podía apartar los ojos de ella. ¿Cuándo había visto un rostro tan hermoso? Piel de marfil, cejas finas y sus labios carnosos y rojos: todo a la perfección. Mientras las chicas ocupaban sus lugares alrededor de la mesa, John se dio cuenta de que los ojos de todos los demás compañeros estaban puestos en Sylvia. Parecía haber impresionado a todos, incluido el tío Henry.

Ahora Robert empezó a darle calificativos. Al parecer, quería dejar claro que no la había traído solo por su cara bonita.

—Adelante, Sylvia —la instó—. Cuéntales lo de la fuga. Es algo de lo que todos podemos aprender.

—Bueno —dijo Sylvia—, en realidad no había nada que hacer. Cualquiera de los presentes podría haber hecho lo mismo. —Su voz era baja y controlada, y sus ojos se movían por la mesa con mirada distante—. Yo formaba parte de un grupo que había creado una emisora de radio secreta a la que llamábamos *La voz de la libertad*. Transmitíamos dos veces por semana: Los miércoles y los sábados por la noche, justo después de Radio Naranja. Queríamos informar a la gente de lo que ocurría realmente en el país y despertarla lo suficiente para que resistiera.

—¿*La voz de la libertad*? —exclamó Joe—. Entonces te he oído algunas veces. Vaya, ¡siempre eras feroz!

—Cuanto más feroz, mejor —dijo Sylvia con calma—. A veces hace falta mucho para despertar a la gente. Estoy segura de que lo saben. Al principio teníamos el transmisor en una casa de Amstelveen. Después lo trasladamos a una casa flotante que anclamos detrás de una pequeña isla en las marismas de Loosdrecht. Pero nos vimos obligados a marcharnos cuando los alemanes triangularon nuestra ubicación. Vimos a las patrullas buscándonos en la orilla, pero conseguimos escabullirnos con el barco justo a tiempo.

—Después anclamos en las proximidades de Vinkeveen. Pensamos que allí estaríamos a salvo durante un tiempo, pero o los alemanes nos habían visto cuando escapábamos o alguien nos traicionó. En medio de nuestra primera emisión desde el nuevo emplazamiento, nos asaltaron. Yo estaba en el micrófono cuando irrumpieron, así que estaba en un aprieto. Pero nunca me rendí, y nunca les dije nada que no quisiera que supieran.

—¿Te han hecho daño? —preguntó Robert.

—Nunca me pusieron la mano encima —dice Sylvia—. Pero una vez me interrogaron durante veinte horas seguidas con una luz brillante apuntándome a los ojos. Trabajaban por turnos. Supongo que a eso no lo llamarías tortura...

—¡No, si volver loca a una persona no es una tortura! —exclamó William indignado. Y hubo un murmullo de acuerdo por parte de los demás.

—¿No les dijiste nada? —preguntó el tío Henry.

—Nada importante —dijo, estudiando su esmalte de uñas. Levantó la vista de debajo de las pestañas y continuó—: Pero tuve suerte. En mi bolso había una carta, firmada por «Bob», que me pedía que nos viéramos el viernes a las cuatro y media en una estación de La Haya. Era una carta antigua, y ya nos habíamos visto. Pero, afortunadamente, no tenía fecha, y el hecho de que la carta pudiera ser antigua no pareció ocurrírsele en ningún momento al S. D. Se me escapó que la reunión implicaba al líder de nuestro grupo, que había sido lanzado en paracaídas sobre el país desde Inglaterra. Así que, por supuesto, estaban decididos a echarle el guante.

Decidieron que debía acudir a la cita, con ellos mirando, por supuesto. Me amenazaron con todo tipo de represalias si intentaba avisarle al hombre antes de que pudieran capturarlo. Dos agentes del S. D. me llevaron a la estación de tren de La Haya. Aparcaron el auto junto a la estación y me acompañaron hasta el andén. Me ordenaron que esperara en el andén mientras ellos me observaban desde ambos lados, con las manos en las pistolas.

A las cuatro y media no apareció nadie, por supuesto. Veía que empezaban a sospechar y aún no sabía qué iba a hacer. Pero entonces, en el andén de enfrente vi a un hombre con un maletín bajo el brazo. Se disponía a subir a un tren. No le conocía, pero fingí que era el hombre con el que iba a reunirme. Hola, Bob. le grité. Estoy aquí. Estoy aquí. Mis guardias saltaron del andén y fueron corriendo por las vías para agarrar al desconocido. De repente, el hombre se dio la vuelta y echó a correr. Eso me dio la oportunidad de escapar. Mientras ellos perseguían al desconocido, gritando y disparando, yo salí tranquilamente de la estación, y aquí estoy.

—Cuéntales lo del auto, Sylvia —instó Robert.

—Oh, ¿tengo que hacerlo? —protestó—. No quiero estar aquí sentada hablando de mí misma toda la noche. ¿Qué pensarán tus amigos?

Pero, por supuesto, todos la instaron a que continuara con su historia, y ella prosiguió:

—Bueno, salí y vi el auto allí parado, en el que me habían llevado a la estación. Así que pensé, ¿por qué no llevármelo? Ya había conducido esa marca antes. Así que eso hice.

—¿Quieres decir que dejaron la llave dentro? —preguntó John.

—¿Perdón? —dijo, mirando a John.

—Por supuesto —dijo Robert con impaciencia—. ¿De qué otra forma podría conducirlo? Vamos, Sylvia.

—Bueno, no hay nada más que contar. Lo conduje hasta Róterdam, donde tengo una amiga. Y luego no sabía qué hacer con el auto, así que lo metí en el canal, y que yo sepa sigue ahí.

—¿Cómo lo has hecho? —preguntó John, asombrado por el atrevimiento de aquella chica de aspecto frágil—. ¿Lo has puesto en primera? ¿Y cómo mantuviste pisado el acelerador? ¿O fue cuesta abajo?

—Bueno, ¿cómo se mete un auto en el agua? —dijo Sylvia—. Puede que no sepa mucho de la parte técnica de los autos, pero sabía cómo hacerlo. Conduces recto y saltas en el último momento, eso es todo.

Robert continuó la historia.

—Se escondió en casa de su amiga, que es donde la encontré la semana pasada. Estaba dispuesta a unirse a un grupo en Róterdam, pero pensé: «¡Ese es justo el tipo de chica que necesitamos!» Así que le dije: «Sería mejor que trabajaras en otra parte del país durante un tiempo. ¿Por qué no vienes con nosotros? Nos vendría bien una joven valiente como tú». ¿Verdad, tío Henry?

—Creo que sí —dijo distraídamente el tío Henry, mirando el reloj.

John pensó que había estirado un poco la historia. Meter un auto en un canal no era tan fácil. Pero... ¡seguía siendo toda una chica!

Sus ojos se cruzaron con los suyos por un momento, y él se sobresaltó ante su frialdad. Sentía ella que él dudaba de su historia?

—Muy bien, Angie. Ahora te toca a ti —dijo Leo, dándole un codazo.

—¿Yo? —preguntó Angie cohibida—. ¡Vaya! No tengo mucho que contar. Mi vida nunca ha estado en peligro ni nada parecido. Lo único que he hecho ha sido llevar papeles y cartillas de racionamiento y cosas así. Ayudaba a esconder a gente, judíos y otros buzos, y encontraron a uno de los que escondíamos y delató a todos los demás. Así que mi padre pensó que tal vez debería desaparecer durante un tiempo. Así que cuando él —Señaló a Leo con la cabeza— vino y habló con mi padre de que necesitabas a alguien que llevara mensajes y esas cosas...

—Y tendremos mucho trabajo para los dos —prometió el tío Henry—. Tenemos algunos trabajos interesantes en marcha. Ya verán.

—Me he encontrado con un centro de distribución que está para comérselo —anuncia William.

—Y sé de una sala de la M. N. S. donde se almacenan cientos de armas —añadió Leo con entusiasmo—. Si pudiéramos hacernos con ellas... ¡hombre, hombre! Escucha...

El tiempo pasó volando mientras discutían diversas posibilidades. El tío Henry permanecía sentado en silencio y pronto algunos de los demás empezaron a echar miradas furtivas al reloj. Por fin eran las once menos cuarto. Tía Nellie y Angie estaban poniendo la mesa y Pete aún no había aparecido.

—Si no está aquí a las once, no vendrá —dijo Leo.

—Y entonces puedes estar seguro de que algo va mal —dijo el tío Henry—. De hecho, ¡ya estoy seguro!

—Vamos, jefe —protestó Robert—. Pete puede no ser el más rápido, pero no es de los que buscan problemas. Mira antes de saltar; de hecho, mira y mira y mira.

—Quizá su hijo o su mujer están enfermos, así que se quedó unos días más —sugirió Joe—. Y mientras estamos aquí sentados preocupándonos, él está durmiendo en una bonita y mullida cama.

—¿Crees que se fue a casa? —preguntó el tío Henry.

—¿Adónde más iría? —preguntó Joe—. Solo pensaba en eso. No podrías haberlo alejado de su familia con un equipo de caballos.

Tía Nellie entró llevando un enorme ramo de flores como centro de mesa, y Angie la siguió con una bandeja de copas de vino. La tía

Nellie no solo había asado un trozo de ternera, ¡había preparado un festín! Pero a nadie le apetecía celebrarlo; todos eran muy conscientes de que faltaba un miembro de la familia. Durante la comida, la conversación volvía una y otra vez a Pete.

—Mañana por la mañana iremos todos a buscar el primer tren —propuso el tío Henry—. Y si no está en él, iremos todos a buscarlo. Aunque sea por su culpa, no podemos dejarlo en problemas. ¿De acuerdo? —La idea animó a todo el grupo.

Robert pasó sus documentos falsos de identidad. Nadie podía detectar el más mínimo defecto en ellos. Llevaban los sellos de las más altas autoridades alemanas, y uno incluso la firma del jefe del S. D. en Ámsterdam.

John quería contarles lo que había pasado en Ámsterdam, pero no se atrevía a hacerlo. El ambiente libre y abierto de antaño aún no había vuelto, tal vez por la ansiedad que le producía Pete. O tal vez porque había dos recién llegadas entre ellos. Ojalá Rita hubiera venido.

Ella seguía en su mente cuando estaba tumbado en la cama. Habían pasado dos hermosos días juntos. Él había dormido en un almacén del hospital. Si se hubiera esforzado un poco más, habría convencido a Rita para que volviera con él. Se daba cuenta de que ella quería venir. Pero también había sentido que no podía dejar su trabajo en Róterdam a menos que fuera absolutamente necesario. Tenía obligaciones no solo con el hospital, sino también con toda la gente a la que había ayudado a esconderse. Menos mal que no había dramatizado demasiado su necesidad. Ahora ya tenían dos chicas en el grupo.

Sylvia y Angie: no podía imaginar dos chicas más diferentes. Se preguntó cómo llevarían el trabajo. Sylvia era una chica extraña. No podía entenderla. Su mente parecía estar siempre en otra parte. ¿Acaso los interrogatorios la habían afectado de alguna manera? Eso sería trá-

gico; era una chica muy guapa. Tal vez la ama-
bilidad y la camaradería del grupo curarían sus
heridas internas.

Aunque Sylvia era muy guapa, se alegraba
de tener una chica abierta y sincera como Rita.
Le había prometido que volvería a verla pronto.
Nadie en Róterdam lo conocía, así que había
poco peligro. Pero si había peligro, ¿sería capaz
de mantenerse alejado? Probablemente sería
tan tonto como Pete, si es que eso era ser tonto.

A la mañana siguiente, temprano, un granjero de unos quince años entró por la puerta
principal, llamó al timbre y preguntó por el tío
Henry. Venía con noticias de Pete.

Pete había estado visitando a su mujer y a su
hijo cuando los alemanes y la policía holandesa
asaltaron la casa una noche. Intentó escapar por
la puerta trasera, pero la casa estaba rodeada y
abrieron fuego contra él. Le hirieron dos veces
en la pierna, pero siguió corriendo entre setos
y jardines hasta llegar a un pajar, donde se desmayó. Los alemanes lo encontraron allí por la

mañana, cuando vieron que el perro del granjero ladraba furiosamente al pajar. Al parecer, los alemanes lo querían vivo, pues lo llevaron inmediatamente al hospital, donde Pete recibió varias transfusiones de sangre.

Ahora empezaba a recuperar fuerzas y les envió el siguiente mensaje: «Probablemente no los volveré a ver. Les doy todo mi cariño. Sigan adelante. No intenten salvarme; no valgo la pena.

Joe se sonó la nariz y las mandíbulas apretadas del tío Henry palpitaron de emoción reprimida. El muchacho miró alrededor del círculo de rostros y añadió:

—Pero con un grupo tan grande, ustedes podrían sacarlo fácilmente. Han puesto un guardia junto a su cama, pero mi hermana dice que la mitad del tiempo está dormido. Y yo conozco una puerta que pueden usar para colarse en el hospital.

—¿Tu hermana? ¿Cómo sabe tu hermana lo del guardia? —preguntó el tío Henry.

—Es la enfermera de Pete.

—¿Cómo te llamas?

—Rudy, señor. Rudy Hoekstra.

El tío Henry puso la mano en el hombro del chico y le dijo:

—Rudy, te lo agradecemos. Eres un tipo valiente. Iremos contigo ahora mismo, si nos muestras el camino. ¿Lo harás por nosotros?

—¡Genial, señor! Sí, señor, ¡seguro que lo haré!

Al cabo de una hora estaban todos en un tren que se dirigía a la ciudad natal de Pete. Se sentaron juntos en el mismo vagón, cada uno con una pistola en el bolsillo.

—Si hay una búsqueda —les había dicho sombríamente el tío Henry—, disparamos, tiramos de la parada de emergencia y salimos corriendo.

—Oh, no pasará nada —dijo Sylvia con expresión indiferente. Cuando sales a buscar el peligro, es cuando nunca aparece.

Y tenía razón. Llegaron sin incidentes. En la estación, se dividieron en pequeños grupos y siguieron al chico hasta su casa, una pequeña granja a las afueras de la ciudad. Allí les recibieron dos padres nerviosos pero dispuestos. Rudy sacó rápidamente su moto y corrió al hospital para llamar a su hermana. Cuando llegó, trajo consigo al médico que estaba tratando a Pete.

Todos se trasladaron a la sala de estar para discutir los planes para el rescate de Pete. Los alemanes habían llamado al hospital ese mismo día para preguntar si ya podían trasladar a Pete, así que el grupo tenía que actuar con rapidez. El médico no podía retrasarlos mucho más.

—Sigue necesitando atención médica —recalcó el médico—. Realmente debería estar en un hospital varios días más. Hay que tratarlo con cuidado, o sus heridas pueden reabrirse, y aún está débil por la pérdida de sangre.

El tío Henry conocía al director de un hospital de tuberculosis no lejos de su cuartel general. Estaría dispuesto a aceptar a Pete como paciente. El único problema era cómo sacarlo del hospital. Después de una hora de lluvia de ideas, se les ocurrió un plan. El rescate se fijó para la tarde siguiente, a las siete y cinco minutos, justo después de que empezara el horario de visitas. Un pequeño alboroto debería pasar desapercibido entonces. Necesitarían un auto. El auto se aparcaría cerca de la puerta lateral, donde quedaría oculto por los arbustos. Mientras una persona se quedaba con el auto, otras dos irían por delante para vigilar al policía que custodiaba el vestíbulo. Los otros tres subirían a la habitación de Pete vestidos con batas blancas, dominarían al guardia y llevarían a Pete hasta la puerta lateral en una camilla que estaría aparcada en el pasillo, fuera de la habitación de Pete.

Sin embargo, tendrían que cruzar el puente del Isela antes de que los alemanes descubrieran el rescate y dieran la alarma a los guardias del puente. La ruta del puente era arriesgada. Pero cualquier otra ruta sería mucho más larga y, por tanto, aún más arriesgada, así que tenían que conseguir un auto rápido. Esa iba a ser la parte más difícil de toda la aventura. ¿Dónde iban a conseguir un auto que todavía estuviera en buen estado?

Nadie tenía una solución rápida, ni siquiera el médico. También él circulaba en un auto con convertidor, y su velocidad máxima era de unos 50 kilómetros por hora.

—Si al menos no hubieras conducido ese auto del S. D. al agua —le dijo Robert a Sylvia.

—Eso no nos ayuda ahora —dijo el tío Henry—. ¿Alguien tiene alguna idea?

—Podría conseguir uno en mi distrito —dijo Joe—, pero no podría estar de vuelta mañana por la tarde.

De repente, John se acordó del dueño de la estación de servicio de Meppel que había ayudado a su padre. Se llamaba Berends. Si no recordaba mal, Berends había dicho una vez que tenía algunos autos escondidos para mantenerlos fuera del alcance de los alemanes. Y si Berends no tenía nada, seguramente Van der Mey, el policía, podría ayudarles. Siempre había sido generoso con su auto cuando surgía una emergencia.

Cuando John explicó por qué podía estar bastante seguro de encontrar un buen auto para mañana por la tarde, el espíritu del grupo se reavivó rápidamente.

—Pero me gustaría que me acompañara alguien que también sepa conducir —dijo John—. ¿Y tú, Joe?

—O podría hacerlo yo —se ofreció Sylvia.

—Tengo otro trabajo pensado para ti —le dijo tío Henry—. Vas a ir con el doctor, vestida de enfermera, para que puedas estudiar la distribución del hospital. Haz bocetos si tienes ocasión. Señorita Hoekstra, ¿puede avisar a Pete de que la ayuda está en camino? Dígale que hemos decidido que es demasiado joven para jubilarse. Angie, vas a volver a casa conmigo. Vamos a recoger el uniforme de Leo, y también tenemos un par de uniformes de policía. Recuérdame que traiga las fundas y los sombreros. Me aseguraré de que esperan a Pete en el otro hospital. Doctor, ¿puede conseguirnos batas blancas?

—Yo también tengo un par de abrigos extra —dijo el doctor—. Con eso bastará. El tercer hombre puede fingir que es un paciente. La señorita Hoekstra puede conseguir un uniforme de enfermera para esta joven —señaló a Sylvia.

—¿Y yo qué? —preguntó Rudy. Había pasado desapercibido en un rincón de la sala, siguiendo atentamente los planes. Se veía a sí mismo como un miembro más del grupo, y su entusiasmo por participar en la travesura se reflejaba en toda su cara.

—Bueno, Rudy —dijo el tío Henry, sonriendo cariñosamente al muchacho—, ya has hecho bastante. Pero si quieres quedarte con nosotros un poco más, puedes ser de gran ayuda si les enseñas a estos compañeros el camino al hospital y el camino del hospital a la carretera que va al puente del Isela. Asegúrate de que lo conozcan bien, ¿de acuerdo? Tienen que ser capaces de seguirlo mientras duermen. ¿De acuerdo?

Rudy asintió enérgicamente y sonrió con orgullo.

Berends, el dueño de la estación de servicio, estaba lavando en el surtidor de detrás de la casa cuando John se acercó caminando por la parte de atrás como solía hacer su padre. El hombre se sacudió el agua de los ojos y dio un respingo.

—¡Tú! —exclamó—. ¡Pensaba que tú y tu padre estaban en Inglaterra!

—¿Qué te ha dado esa idea? —preguntó John, riendo.

—Bueno, esa es la historia que circula por ahí, y hace un rato me encontré con ese viejo jardinero tuyo… ¿cómo se llamaba?... y me dijo que era verdad. Debes haber estado allí, porque oí tu nombre en la radio. Durante una semana, cada noche una emisora inglesa decía: «John y compañía han llegado sanos y salvos». ¿No eras tú? Yo en tu lugar me habría quedado allí.

—No, no he sido yo. Debe haber sido algún tipo de código —dijo John—. Pero no pasa nada. Mantén viva la historia. Sería estupendo que todo el mundo aquí pensara que estamos en Inglaterra. Eso haría las cosas mucho más seguras para nosotros por aquí.

—Yo seguiría escondido si fuera tú. No me gustaría que los alemanes les pusieran las manos encima. Sigues peleando, ¿verdad?

—Por eso estoy aquí, Sr. Berends. Tengo un recado importante... Tengo un amigo conmigo. Está esperando delante de casa. ¿Puedo llamarle un momento?

—¡Deberías haberlo traído contigo, hombre! —dijo el mecánico—. Cualquier amigo tuyo es amigo mío; deberías saberlo.

Con su risa fácil y su rostro sincero, Joe se ganó rápidamente la confianza del mecánico. Les invitaron a quedarse a cenar, pero antes Berends les llevó al salón para hablar.

—¡Bueno, adelante! ¿Qué necesitas? —dijo—. ¿Gasolina, piezas de auto, neumáticos?

Ustedes los del metro son mis peores clientes. Siempre quieren lo mejor y casi nunca pagan. Pero, bueno, sobreviviré. Dame las malas noticias.

Puso los ojos en blanco cuando oyó que esta vez necesitaban un auto entero.

—Escucha, hombre, pagué de mi bolsillo los autos que tengo escondidos. Son como los ahorros de toda mi vida, ¿sabes? ¡Sí! Bueno, supongo que necesitarás algo con un poco de cremallera para este trabajo. Supongo que eso significa el Citroën. Ustedes me están desangrando, ¿saben? Es mi premio, mi orgullo y alegría. Y me costó cinco mil florines.

Se paseaba por la habitación, pateando la alfombra, hablando consigo mismo:

—Pero qué es un auto comparado con la vida de un hombre, ¿verdad? Lo entregaría así como así para salvarte a ti o a tu padre. Los hombres buenos son difíciles de encontrar hoy en día. Si me sentara en ese auto ahora, no volvería a dormir una noche decente. ¡Lo conseguirás, lo conseguirás! Pero ni una palabra cerca de mi esposa. ¿Entiendes? Si se entera, seguiré sin dormir. Dormiré en el garaje. Bueno, pero primero comamos.

—¡Genial! —dice John contento—. ¿Puedo usar primero tu teléfono? Así podré darles a mis amigos la buena noticia de que pueden seguir con los planes.

Llamó al médico que habían conocido en casa de Rudy y le pidió que le dijera al tío Henry que Johnny y Joe habían aprobado los exámenes.

—¡Me alegra oírlo! —dijo—. Entonces Peter también tendrá una oportunidad. Veré que reciban las buenas noticias.

Aquella noche, John se asomó a la ventana del desván de Berends y contempló los campos. A no muchos kilómetros de distancia yacían las cenizas de su hogar, el lugar donde había pasado tantas tardes felices con sus padres, Fritz, Tricia, Hanneke, Trudy y Hansie. ¿Volverían a pasar una tarde juntos?

De repente se apoderó de él la misma extraña sensación que le había invadido cuando estaba en el refugio de la casa del abuelo Meyer: un momento de certeza inexplicable. Vio a toda la familia reunida de nuevo en el campo. Se rió de su propio misticismo al meterse en la cama. Pero se fue a dormir con una sonrisa en el rostro.

Aún era de noche cuando Berends los despertó. Tras un rápido desayuno, los llevó a una granja vecina. Entraron en el granero y cerraron las puertas tras de sí. Mientras el granjero subía al henil para vigilar, Berends y los dos chicos empezaron a cavar en el pajar. Casi al mediodía, el auto ya estaba destapado y listo para circular. Lo probaron en un tranquilo camino rural detrás de la granja. El motor zumbaba como un colibrí. Mientras el mecánico iba a casa a buscar otro bidón de gasolina en el garaje, John y Joe volvieron al granero y pusieron aire en los neumáticos. Berends cambió las matrículas y pegó un permiso de circulación en el parabrisas. Estaban listos para partir.

—Lo traeremos de vuelta —prometió John mientras se despedían—. Y si le pasa algo, haremos lo posible por pagar los daños.

—Claro, y Hitler es mi hada madrina —dijo Berends sombríamente—. Atropella a unos cuantos alemanes con él. Entonces creo que estamos en paz. Asegúrate de hacerme saber cómo resulta todo. Si alguien intenta pararte por el camino, no te detengas. Estás hundido conduciendo sin papeles como tú. Solo gansa a este bebé. ¡Se mudará por ti! Es una belleza, ¿no?

Berends bajó por el camino de entrada y comprobó la carretera. Luego dio un manotazo como diciendo:

—¡Dale cuerda! ¡Que Dios los acompañe! —gritó cuando pasaron junto a él y giraron hacia la carretera. Había puesto toda su ruda alma en esas palabras.

John probó a fondo el auto y llegaron a la casa de los Hoekstra media hora antes de lo previsto. Rudy estaba junto a la puerta del garaje, manteniéndola abierta.

A las seis y media, el grupo se reunió en el salón, comprobaron sus armas y repasaron el plan hasta el más mínimo detalle. Luego el tío Henry les dirigió en la oración.

A las siete menos diez, John arrancó el auto y calentó el motor. Se despidieron de los Hoekstras, con Rudy de pie, profundamente apenado porque no le habían permitido acompañarlos.

Cinco minutos para las siete.

—De acuerdo, John. ¡Vamos!

John condujo hasta la ciudad, manteniendo la velocidad muy por debajo del límite. Sylvia, vestida de enfermera, iba pegada a él. Al otro lado de ella iba Joe, con uniforme de policía. Robert se sentó detrás, con uniforme alemán, y a su lado se sentaron el policía William y el tío Henry, con dos batas blancas en el regazo.

Angie y Leo habían salido una hora antes para vigilar el hospital.

La quietud del atardecer se había instalado en las calles. Nadie en el auto decía nada. Ya no había tiempo para hablar. Nunca antes se habían enfrentado a un trabajo bajo tanta presión: esta vez intentaban salvar la vida de un amigo.

La acera frente al hospital estaba llena de gente que llevaba flores y pequeños paquetes. Leo y Angie estaban en la acera.

—Todo listo —dijo Leo—. Todo va bien. Acaban de empezar las horas de visita.

Lentamente, John siguió un camino de grava hasta un lado del hospital y se detuvo bajo un gran castaño. Robert y William saltaron y caminaron hacia la puerta principal. Joe se quedó en el auto. El tío Henry y Leo se pusieron sus batas blancas y cada uno cogió uno de los brazos de John. Sylvia caminó delante de ellos hacia la entrada lateral. Angie entró detrás de ellos y se detuvo en la intersección de dos pasillos para vigilar en dos direcciones.

Al final del pasillo había un guardia, liándose un cigarrillo y observando a los visitantes que entraban por la puerta principal. Apenas echó un vistazo al grupo que pasaba al final del pasillo. Los médicos y las enfermeras iban y venían constantemente con pacientes. Su trabajo consistía en vigilar a las visitas. Pero entonces sus ojos se posaron en la joven ruborizada que estaba en la esquina. Le gustaba charlar con chicas guapas tanto como a la mayoría de los hombres.

—¿Puedo ayudarla, señorita? ¿Se ha perdido? —le preguntó a Angie—. ¿Qué habitación está buscando?

—Oh, no, gracias. Estoy esperando a mi hermano. Le están haciendo unas pruebas. Me temo que va a necesitar una operación.

—¿Por qué no viene y se sienta allí, en el vestíbulo? —sugirió el policía—. Yo que usted no me preocuparía demasiado, señorita. Normalmente acabas preocupándote por nada.

—Estoy demasiado nerviosa para sentarme, gracias. Prefiero esperar aquí fuera —dijo Angie, suspirando pesadamente—. ¿Qué hay detrás de todas estas puertas? No parecen habitaciones para pacientes.

Deseoso de complacer, el hombre señaló el despacho del director y la sala de rayos X, y luego empezó a explicar la distribución de todo el hospital. Angie le hizo un gesto disimulado a Robert para que retrocediera, pues se había acercado ansiosamente a la puerta principal.

Mientras tanto, los demás subieron las escaleras hasta el segundo piso y siguieron a Sylvia por el pasillo hasta la habitación de Pete. La hermana de Rudy se reunió con ellos en el vestíbulo y le entregó a Sylvia un abrigo para Pete.

Sylvia entró en la habitación como si fuera la dueña del lugar. Los tres hombres le pisaban los talones. John captó la situación de un vistazo. Pete yacía en la primera de las tres camas.

Se incorporó, con el rostro crispado por la confusión. El policía estaba sentado a su lado en una silla. Antes de que pudiera moverse, tres pistolas le apuntaron.

—¡Manos arriba, por favor!

—¿Ha venido a por él? —preguntó tranquilamente el policía, levantando las manos—. Lléveselo, con mis mejores deseos. No le daré ningún problema.

—Gracias —respondió el tío Henry—. Entonces no le importará que le releve de esto. —Y sacó la pistola del hombre de su funda.

—Chicos... —murmuró Pete emocionado—. No saben... yo... yo...

—Cállate y ponte esto —dijo Sylvia, entregándole el abrigo.

John ayudó a Pete a ponerse el abrigo. Oyó al tío Henry ordenar al guardia que le diera la espalda y luego vio al hombre desplomarse en el suelo mientras el tío Henry lo golpeaba con su pistola. No tuvieron tiempo de atar y amordazar al hombre. Cuando el paciente de la cama contigua a Pete empezó a gritar pidiendo ayuda, John intentó calmarlo, pero sin éxito. Antes de que John se diera cuenta de lo que estaba ocurriendo, Sylvia cogió la jarra de agua de la mesilla y dejó al hombre inconsciente. Luego se quitó el agua de la manga y no volvió a mirar a su víctima.

No necesitaban la camilla. Apoyado entre sus dos amigos vestidos de blanco, Pete bajó las escaleras a buen ritmo, aunque favorecía su pierna mala. Sylvia tomó el brazo de John y caminaron por el pasillo, siguiendo a los demás.

—Ha sido fácil —dijo sonriendo. ¿Estaba actuando o no tenía un nervio en el cuerpo?

Sin vacilar ni levantar la vista, el tío Henry y Leo cruzaron el vestíbulo con sus batas blancas, toda su atención aparentemente centrada en su paciente. La mirada de John se cruzó con la de Angie. Ella seguía charlando con el policía. Se rió de algo que él dijo. La oyó decirle al policía: —Disculpe, tengo que salir un momento. Un amigo iba a recogernos; tengo que ver si ya ha llegado.

Joe mantenía abierta la puerta del auto. Tío Henry y Leo ayudaron a Pete a sentarse en el asiento trasero. John se colocó al volante y Sylvia a su lado. Robert y William doblaron la esquina apresuradamente y saltaron a sus asientos mientras el motor ronroneaba. ¡Vamos! Allí estaban Leo y Angie paseando por la acera. Tomarían el tren de vuelta por la mañana. Al otro lado de la calle, alguien agitó la gorra y silbó. ¡Rudy! Los había seguido de todos modos.

—El pequeño bribón —dijo el tío Henry, con una risita—. ¡Dale gas, John!

Pasaron zumbando por calles tan oscuras que era difícil ver las intersecciones. Pero Robert había memorizado bien la ruta.

Detrás de él, William prorrumpió de repente en un canto de triunfo:

—¡Lo tenemos! ¡Lo tenemos! ¡Te tenemos de vuelta, viejo, Pete!

Pero Pete sollozaba.

—Lo siento, tío Henry, no pude...

—Lo sé. Relájate. Ya pasó todo.

—Gira a la derecha aquí —dijo Robert—. Entonces estaremos en la autopista. Bien, ¡hagamos tiempo, vamos directo!

—No tenemos que preocuparnos de nadie detrás de nosotros —dijo Sylvia—. Solo tenemos que preocuparnos del teléfono.

Los neumáticos retumbaban en la calle de ladrillo. John tenía que concentrarse. Los neumáticos chirriaban al maniobrar el auto en las curvas del sinuoso camino. Mantenía el velocímetro por encima de los cien en los tramos rectos.

—¿Qué te parece el auto, tío Henry? —preguntó John.

—¡Genial! —dijo el tío Henry—. Pero, por favor, ¿podrías intentar recordar que llevas en el auto a la mejor brigada de asalto del país?

John soltó una risita. El auto respondía a todos sus movimientos. Era un placer conducirlo. Si tan solo estuvieran al otro lado de ese puente...

Una ciudad pequeña. Un poco más despacio. Junto al camino había un policía. Levantó la mano en señal de saludo nazi mientras pasaban zumbando. De nuevo en la autopista, y el acelerador a fondo. El zumbido de los neumáticos sobre el pavimento sonaba como una canción: Hemos liberado a nuestro amigo; no tememos al enemigo; ¡somos libres, somos libres!

Ahora el auto se acercaba al puente. Todos sacaron sus armas.

—Recuerden: reduzcan la velocidad, pero no se detengan. Finge que vas a hacerlo. Pero si algo va mal, al suelo. ¿Entendido?

—Sí, tío Henry.

Delante de ellos, una luz roja subía y bajaba. La carretera se elevaba bruscamente a medida que se acercaban al puente. Un débil haz de luz brillaba desde la puerta de una pequeña caseta de vigilancia. Delante había dos alemanes, uno de ellos con un fusil. Se acercaron al borde de la carretera cuando el auto aminoró la marcha. Robert sacó la cabeza por la ventanilla.

—¡Policía! —gritó en alemán—. ¡Tenemos prisa! ¡Volvemos en un minuto!

—Siga conduciendo —le gritó uno de los soldados, y pasaron. Eso había sido fácil. Ahora los guardias del otro lado. El puente parecía eterno. Allí estaba, como un desafío, la lucecita roja bailando arriba y abajo. Esta vez eran tres soldados. Dos se hicieron a un lado del camino, pero uno se quedó en el centro con los brazos levantados.

—Atropéllalo —dijo Sylvia. Pero John se detuvo, metiendo primera y manteniendo el pie en el acelerador. Esperó tenso.

—¡Policía, tenemos prisa! —Robert ya había gritado con su mejor voz alemana. Pero el haz de una linterna iluminó el auto, y una voz detrás de la linterna exigió—: ¡Ordenes de viaje, por favor!

—Un momento —dijo Robert, metiendo la mano en el bolsillo de su abrigo. El alemán se

puso delante del auto y alumbró las matrículas. De pronto se enderezó y gritó a los demás.

—¡Vamos! —gritó el tío Henry.

Los neumáticos chirriaron. Un grito, un fuerte golpe, las armas estaban disparando. Una bala pasó chirriando por encima de la cabeza y se estrelló contra el techo del auto.

—¡Más rápido! —gritó el tío Henry. ¿Pero por qué tenía que golpear a John tan fuerte mientras gritaba? Tenía el acelerador a fondo. El auto estaba casi volando. Los neumáticos no habían sido golpeados. ¡Lo habían conseguido!

—¿Todos bien? ¿Nadie herido? —preguntó ansiosamente el tío Henry—. ¿Estás bien, John? Estás muy callado.

—Sí, estoy bien —dijo John. Pero no hacía falta que me pegaras tan fuerte, pensó para sí. ¡Qué fuerte era ese viejo!

¡Cuidado! Casi se sale de la carretera. ¡Toda esa charla en el asiento trasero! El susto parecía haberle afectado esta vez. Apretó las mandíbulas mientras luchaba por dominarse. Contuvo las náuseas y se sacudió la neblina que le cegó momentáneamente. ¿Qué dirían los demás si empezaba a vomitar? Se moriría de vergüenza delante de Sylvia.

El auto se precipitó por la negra autopista, haciendo chirriar los neumáticos al esquivar un camión aparcado en el arcén sin luces. Tomó una curva en S, redujo la velocidad ante una señal de tráfico y giró el auto en una curva para entrar en una carretera secundaria. Se sintió como si estuviera conduciendo en un sueño, y concentró toda su energía en mantener el auto en la carretera.

¡Qué debilucho era! Un poco de excitación, un par de disparos, y casi se había desmayado al volante. Seguía teniendo problemas para controlar el temblor de sus brazos, y el mareo reaparecía una y otra vez. Empezaba a sudar; podía sentir cómo le corría por la espalda. Pero no se dejaría vencer. Se forzaría. Era una cuestión de mente sobre cuerpo. Nadie tenía por qué saber cuánto luchaba por mantenerse firme.

—¿Cómo te va, John? No has dicho ni una palabra —dijo William, que aún le conocía mejor.

Consiguió pronunciar unas palabras para tranquilizarles, sorprendentemente animado. Nadie notó nada malo, ni siquiera Sylvia. Especialmente Sylvia no debía notar su debilidad.

Luchó contra un fuerte impulso por cerrar los ojos y apoyar la cabeza en el volante. Solo para relajarse y dormir. Ya casi había llegado. Atravesó la ciudad confiando plenamente en las indicaciones del tío Henry. Luego subió por el camino de entrada del otro hospital, rodeó el edificio hasta la puerta trasera, donde ardía una pequeña luz parcialmente oculta sobre una puerta.

—¿Ya está? —preguntó John, jadeando como si hubiera corrido una carrera a pie.

—Sí, puedes parar aquí —dijo la voz del tío Henry desde muy, muy lejos. El volante se le escapó de las manos y el auto chocó contra un parterre.

CAPÍTULO OCHO

NO QUERÍA DESPERTARSE, PERO UNA voz extraña le insistía.

—Escúchame. ¿Me oyes? Sí, abre los ojos... bien abiertos. Ahora mírame. ¿Alguna vez te han inyectado suero? ¿Me ha entendido? Una inyección de suero. ¿Sabes lo que es? ¿Has estado alguna vez en un hospital? ¿Alguna vez has estado gravemente herido antes?

El hombre parecía querer que contestara que no, y así fue como contestó: solo para librarse de él. El tipo era un pesado. El vozarrón resonaba en su cabeza.

—Antitetánico —oyó que decía la voz, y luego volvió a quedarse dormido.

Cuando abrió los ojos, vio a Pete tumbado en una cama a su lado, mirándole fijamente, con la frente arrugada por la preocupación. Entonces Pete le tendió la mano. John quiso cogerla, pero no parecía tener fuerzas.

—¿Dónde estoy? —susurró, y cada palabra parecía pesar una tonelada.

—En el hospital —respondió Pete—. Pero se supone que no puedes hablar. Tienes una bala en el pulmón.

Pete decía algo más, pero él no captó el resto. Se quedó allí sonriendo para sí mismo.

«Curioso», pensó. «Una bala en mi pulmón. ¿Cómo llegó ahí? ¿Nací con ella?». Entonces, de repente, vio la luz roja bailando arriba y abajo delante de él, y sintió que sus dedos se apretaban contra el volante de un auto. Una negrura pareció disiparse de su mente. Abrió los ojos y miró a Pete.

—Entonces yo... No fue... —balbuceó.

«Un debilucho», iba a decir. «No fue el miedo lo que me enfermó. Tenía una bala en el pulmón».

Pero la habitación empezó a tambalearse y cerró los ojos. Se alejó flotando en una nave rodante hacia una soleada campiña con verdes praderas que se extendían hasta un cielo infinitamente azul.

Su alegría secreta le acompañó durante días, a pesar de los ataques de delirio y del doloroso tratamiento de su herida. Ningún dolor o miseria podía robarle su secreta satisfacción. A veces gemía de dolor, pero cada vez que abría los ojos y veía a alguien junto a su cama, lograba sonreír. Como en un sueño, veía las caras ansiosas del tío Henry y la tía Nellie, y un caleidoscopio de otros rostros familiares.

Entonces, un día, fue el rostro del padre el que se inclinó sobre él, y había miedo en sus ojos. Pero John no tenía miedo. Nunca se le pasó por la cabeza que pudiera morir, y no lo habría creído aunque se lo hubieran dicho. Estaba contento, contento y profundamente agradecido de no haber sido un cobarde y de haber hecho su trabajo hasta el final, a pesar de la bala en el pulmón.

Hasta que no estuvo en vías de recuperación no supo lo grave que había sido su estado. El médico le explicó que una bala de fusil había atravesado el asiento del auto y le había entrado en el pecho justo por debajo del omóplato derecho. Tras romperle una costilla, se había alojado en el tejido. La bala en sí no era tan peligrosa. Podía quedarse allí fácilmente como recuerdo. Y la costilla se curaría pronto. Pero cuando la bala atravesó el asiento, había recogido todo tipo de suciedad, y una infección aguda se había extendido por su pulmón. Un especialista había limpiado la herida y aún la mantenía abierta para que drenara. Por eso siempre tenía que tumbarse sobre el lado izquierdo o boca abajo.

—¿Entendido? —preguntó el médico—. Para decirlo en lenguaje contemporáneo: tropas hostiles invadieron repentinamente su cuerpo; el primer ataque fue rechazado, pero por poco.

El enemigo fue rodeado por un ejército de glóbulos blancos, al que estamos proporcionando refuerzos diarios. Este buen ejército está destruyendo al enemigo de forma lenta pero segura. Pero aún puede pasar un tiempo antes de que podamos anunciar una victoria completa. Así que aquí están, librando una guerra de un solo hombre.

John se rió.

—Prefiero no servir de campo de batalla —dijo—. Prefiero una batalla en la que pueda hacer algo.

—Bueno, puedes… tomándotelo con calma, descansando y no preocupándote por nada —dijo el doctor—. Eso proporciona las condiciones óptimas para la victoria.

Pero, como la mayoría de las guerras, esta duró más de lo esperado. Habían caído todas las hojas de los abedules que rodeaban el hospital antes de que le permitieran salir de la cama para dar sus primeros pasos, cogido del brazo de una enfermera. Para entonces, Pete hacía tiempo que había abandonado la cama de al lado. Pete había estado ingresado solo dos semanas, y luego volvió a casa de la tía Nellie, donde pasó algunas semanas más convaleciente. Pero ahora volvía a hacer su parte del trabajo.

El grupo no olvidó a John. Cuando por fin le permitieron recibir visitas regulares, casi todos los días aparecía alguien para informarle de lo que hacían. Por fin habían llevado a cabo la cabriola del ayuntamiento que tanto tiempo llevaban planeando. Robaron los registros de la población de todo un distrito y los quemaron. Sin esos registros, los alemanes tendrían más dificultades para localizar a la gente. Los nazis tampoco sabrían qué familias tenían jóvenes en edad de trabajar para las fábricas alemanas.

Su asalto a un segundo centro de distribución les reportó cerca de 12 000 cartillas de racionamiento. En otra ocasión se enteraron de la existencia de un estraperlista que vendía neumáticos de bicicleta a 100 florines la unidad. Una noche «compraron» todas sus existencias, dejando las cartillas de racionamiento y el precio de mercado de los neumáticos. Los neumáticos fueron entregados a los trabajadores de la resistencia.

Un día en que Sylvia le visitaba, entró Rita. John presentó a las dos chicas, que se sentaron en lados opuestos de la cama para medirse, Rita subrepticiamente, pero Sylvia descaradamente, casi insolentemente. John intentó mantener la conversación, pero al cabo de un rato se dio por vencido. Rita se sentó rígida en su silla y se mostró muy fría. John pensó que estaba celosa, y Sylvia parecía pensar lo mismo, pues una sonrisa desdeñosa brilló en sus ojos y subió las comisuras de sus labios al despedirse.

—¿Vives en Róterdam? —le preguntó a Rita.

—Sí.

—¿Dices que eres enfermera?

—Lo era.

—¿Dónde vives?

Entonces Rita le dio una dirección equivocada.

John estaba a punto de preguntar: «¿Te has mudado? ¿Por qué ya no estás en el hospital?» Pero una mirada de Rita le hizo quedarse callado.

—John —preguntó, molesta, cuando la puerta se hubo cerrado tras Sylvia— ¿qué clase de mujer es esa?

—Es nuestra mensajera —explicó John—. ¿Qué pasa, no te agrada?

—¡Yo diría que no! —dijo Rita con vehemencia—. No soporto a ese tipo de personas. ¿Qué le importa a ella dónde vivo? Hoy en día no se hacen preguntas así. John, no te atrevas a decirle nada sobre mí. Lo digo en serio.

—Tiene mucho valor —replicó John—, y ha demostrado ser totalmente digna de confianza. Podría contarte historias sobre ella que...

—¿Te parece guapa? —preguntó Rita.

John se rió. Así que estaba celosa después de todo.

—Sí, creo que es muy guapa —dijo—, pero no creo que sea muy adorable, como tú. Ven aquí un minuto antes de que vuelva la enfermera.

Dos días después, se llevó la sorpresa de su vida. Estaba sentado en el porche, en una tumbona con unos enfermos tuberculosos —en realidad, se trataba de un hospital de tuberculosis—, cuando se acercaron caminando hacia él, resplandecientes bajo el sol invernal: su padre y su madre, caminando del brazo. De pronto se sintió como en los tiempos de la preguerra; así era como los había visto a menudo pasear por el jardín. No le habían visto entre todos los demás pacientes, y él había perdido momentáneamente la voz y la capacidad de moverse.

Pero cuando se volvieron para ir a la puerta, John se quitó de repente la manta y se apresuró a interceptarlos. Iba contra las órdenes del médico y la enfermera corrió tras él, pero él siguió adelante. Quería tranquilizar a su madre mostrándole lo bien que se encontraba. Como castigo, lo devolvieron inmediatamente a su cama, pero para entonces ya estaban juntos, viéndose y tocándose.

—Estás muy bien aquí —dijo el padre con aprobación—. No tengas prisa por salir. Asegúrate primero de que te has recuperado del todo.

John sabía lo que papá estaba pensando. Mientras estuviera aquí, estaba a salvo. Ahora que estaba en vías de recuperación, el padre casi daba gracias por la bala que le había herido. Pero él seguía ocupado. Al cabo de media hora miró el reloj y explicó que tenía una cita a la que no podía faltar. Ni siquiera por hoy había podido liberarse del todo.

Pero al día siguiente él y su madre estaban de vuelta. Tío Henry les había encontrado un sitio no lejos del hospital, y se quedaron casi una semana. Hablaron de cosas que les habían rondado por la cabeza durante tanto tiempo, cosas que no habían podido compartir entre ellos.

Cuando el padre se marchó, la madre vino por última vez sola. Entonces John le contó los sueños que había tenido, primero en Ámsterdam y luego en casa de Berends. Pero no le contó que había estado atrapado en un refugio, casi desesperado por su vida. El padre tampoco le había contado nada de aquella experiencia.

—Estábamos todos juntos paseando por el jardín, como solíamos hacer —dijo John, describiendo su sueño—. Y era como si una voz me dijera que un día volveríamos a estar juntos como antes. Quién sabe, mamá, quizá se haga realidad dentro de un par de meses. Hasta los nazis empiezan a hablar de la invasión. No puede tardar mucho.

—Espero que tengas razón —dijo la madre con un suspiro—. Nuestra casa ha desaparecido, y nuestro dinero casi, pero mientras todos lleguemos al final, no me importa si todo lo demás desaparece. Mientras nos tengamos los unos a los otros.

Unos días más tarde, Angie vino a ver a John, llena de ansiedad. Acababa de ir a Ámsterdam con Sylvia a entregar varios paquetes de cartillas de racionamiento. Mientras las empaquetaban, se había dado cuenta de que Sylvia se metía un fajo en el bolso, pero no le había dado importancia.

Sylvia y ella habían acordado reunirse en el punto donde confluyen los canales Keizer y Spiegel. Angie llegó primero, pero como lloviznaba, buscó refugio en un pórtico. Sylvia regresó con un hombre extraño, un personaje de aspecto sombrío con gorra y abrigo de cuero, y vio que Sylvia le daba las cartillas de racionamiento a cambio de un puñado de billetes.

Ahora Angie sabía por qué Sylvia siempre parecía tener dinero de sobra para comprar ropa cara en el mercado negro. No, no había hablado de ello con Sylvia. Le tenía miedo. Pero no podía dejar que se saliera con la suya, ¿verdad?

—¿Crees que debería olvidarlo? —le preguntó a John.

—No, desde luego que no —dijo, turbado. Apenas podía creerlo. ¿Era este el secreto que se ocultaba tras aquellos hermosos ojos? ¿Un secretito tan mezquino y sucio?

—Díselo al tío Henry —le dijo—. O espera, tal vez no deberías hacerlo todavía. Deberías enfrentarte a ella primero, Angie. Tal vez ella necesitaba dinero de verdad. Ya sabes, problemas familiares o algo así. O tal vez ese hombre que conoció sabe algo sobre ella y la está chantajeando. Claro, esas cosas pasan. Probablemente sea algo así. Pensé que tenía una madre que mantener. ¿No dijo Robert algo así una vez?

—No lo sé —dijo Angie—. Así son las cosas. Ella lo sabe todo de nosotros, pero nosotros no sabemos nada de ella. No, ¡no voy a hablar con nadie más sobre esto! El tío Henry no me creerá. Y si digo algo que se sepa, Robert no volverá a hablarme. ¡Está loco por ella!

Finalmente acordaron que John hablaría con Sylvia. Si ella le explicaba lo que había hecho y le prometía que no volvería a ocurrir, lo dejarían estar. De lo contrario, tendrían que acudir al tío Henry.

—Mejor mandarla llamar lo antes posible —sugirió John—. Cuanto antes acabemos con esto, mejor.

—¿Cómo lo hago? —preguntó Angie—. Ella sospechará algo enseguida. Es tan astuta como un. . . ¡como un zorro! Pero quizá se me ocurra algún recado.

Primero Rita, y ahora Angie. Las demás mujeres parecían desconfiar de Sylvia instintivamente. ¿Eran en parte celos?

Cuando Sylvia finalmente apareció después de dos días, estaba con el tío Henry. Venían a contarles que habían matado a Joe. Habían estado robando en otro centro de distribución, y Joe había estado vigilando la puerta principal cuando la Guardia Nacional, la policía del M. N. S., apareció de repente. Joe dio inmediatamente la voz de alarma y cubrió la retirada del pelotón. Pero había muerto en el tiroteo.

John estaba profundamente afectado. ¿Por qué Joe? De todo el grupo, él había sido el más esperanzado, el más fuerte. ¿Por qué tuvo que morir primero el hombre que parecía amar más la vida?

Se alegró de que el tío Henry y Sylvia no se quedaran mucho tiempo. Se tumbó y sollozó contra la almohada. Pero cuando se calmó, se le ocurrió que Joe había muerto por un puñado de cartillas de racionamiento, las mismas que Sylvia había cambiado en el mercado negro por ropa bonita.

Se dirigió a la consulta de un médico, cogió un teléfono y llamó a casa de la tía Nellie. Angie contestó; él le dijo que enviara a Sylvia a verlo lo antes posible. Ya no le importaba si ella sospechaba algo.

Vino a la mañana siguiente. No le sorprendió su respuesta al desafío.

—No tengo por qué responderte; no tengo por qué decirte nada —replicó ella con veneno—. Pero te diré una cosa. Todo es mentira. Tengo fuentes de ingresos de las que Angie y tú no saben nada. Y no es asunto tuyo. ¡Es personal! Y te lo advierto, ¡no te atrevas a repetir esas mentiras!

Mientras siseaba su advertencia, se levantó y se dirigió hacia la puerta. Antes de que pudiera responder, la puerta se cerró tras ella. «¿Y ahora qué?», se preguntó. Su advertencia había sonado como una amenaza. Pero lo peor que podía hacer era abandonar el grupo y unirse a otro, ¿no? Al resto del grupo no le gustaría en absoluto, especialmente al tío Henry; ella era insustituible. Pero ¿no debería saberlo el tío Henry?

Sin embargo, no tuvo mucho tiempo para pensarlo. Todo parecía ir mal a la vez. Aquella tarde le llamaron al despacho del director, donde encontró sentado a Dick Vriend, de mirada intensa y triste. Enseguida supo que algo le había ocurrido a su padre. Se sorprendió de su propia calma cuando oyó a Vriend decirle que lo habían arrestado. Era casi como si siempre hubiera sabido que eso iba a ocurrir.

Vriend intentó suavizar el shock diciendo que la situación de su padre no parecía tan mala. Pero John no le creyó. Parecía haber perdido la esperanza de golpe.

—Le pararon en un control ordinario en la calle —le dijo Vriend—, y no habría pasado nada si no hubiera llevado un paquete de sellos de identificación en el maletín. Sabes lo que son los sellos de identificación, ¿verdad? ¿O llevas demasiado tiempo fuera? Muy pronto, todos los habitantes del país tendrán que presentarse en el ayuntamiento para mostrar su identificación y su tarjeta de registro. A todos se les expedirá una nueva tarjeta de registro y se les pegará un pequeño sello en la identificación. Sin ambas cosas, no se podrán conseguir tarjetas de racionamiento. Si no estamos preparados, será desastroso para todos los buzos y fugitivos. Sin los sellos, sus identificaciones serán inútiles. Serán descubiertos al instante en cualquier control. Así que estamos imprimiendo sellos o robándolos y distribuyéndolos a todos los buzos.

—¿Y no crees que es peligroso que te pillen con un paquete de sellos en el maletín? —preguntó John con amargura.

—¡Escucha un momento! El papel en el que estaban envueltos los sellos estaba sucio. Ya sabes lo difícil que es conseguir un papel de envolver decente. Así que tu padre les dijo que acababa de encontrarlo en la calle y que se dirigía a la comisaría cuando lo pararon y lo registraron. Debieron dar crédito a su historia, porque lo metieron en una celda con otros tres hombres que estaban allí por delitos menores. Aún no ha sido sometido a interrogatorio. Pero, claro, siempre existe la posibilidad de que los alemanes descubran quién es realmente. Hoy en día no sueltan a la gente muy fácilmente.

—¿Y? ¿Eso te da motivos para ser optimista?

—¡Espera! No he terminado —dijo Vriend—. Hemos establecido un contacto regular con él a través de un guardia de las *SS* al que sobornamos para que introduzca billetes de contrabando. Tu padre no ha perdido la esperanza, me dijo especialmente que te lo dijera. Uno de estos días vamos a intentar sacarlo. Estamos trabajando en un oficial de alto rango del S. D. a quien, creo, podremos sobornar o chantajear para que nos ayude. Hemos reunido 20 000 florines para comprar la libertad de tu padre. Así que todavía hay mucha esperanza, John. Probablemente volverá con nosotros en un par de días. De hecho, ¡estoy casi seguro de ello! Te llamaré en cuanto esté sano y salvo.

John esperó tres días. Entonces ya no pudo aguantar más. Habló con su médico, que se resistía a dejarle marchar porque aún no había recuperado todas sus fuerzas. Pero al final el médico le prestó un abrigo, y una hora más tarde John estaba sentado en el tren. Pronto estaba en Ámsterdam, buscando a Vriend. Esa noche recibieron la noticia.

Habían fallado, y habían fallado estrepitosamente. El intento de rescate había fracasado. Por la elevada suma que se había ofrecido por la libertad del padre, los alemanes habían llegado a la conclusión de que debía de ser alguien importante. Así que lo habían trasladado de la prisión local a una de máxima seguridad, donde había sido sometido a intensos interrogatorios.

John se quedó en Ámsterdam. Día tras día salía con Dick Vriend en busca de un guardia de la nueva prisión que estuviera dispuesto a ponerse en contacto con el padre. Por fin encontraron a un hombre, capitán de la guardia, que había colaborado con la resistencia en otras ocasiones. Sin embargo, cuando se reunió con ellos al día siguiente, les dijo que no podía hacer nada. El padre había sido puesto en una parte de la prisión que estaba muy vigilada por soldados alemanes. Eso era todo lo que podía averiguar.

John no podía decidir qué hacer a continuación. Caminó solo por la ciudad y, al cabo de un rato, se encontró cerca de la prisión. Caminando a lo largo del canal, miró a través del agua los enormes muros de la prisión y las pequeñas ventanas enrejadas. Luego se apartó, sabiendo que si seguía mirando, le fallaría el autocontrol.

Lo que el tío Henry había dicho tras la muerte de Joe era cierto: había que disciplinarse para ser duro y pensar en el deber. Seguir adelante, con el corazón herido y los dientes apretados. Estabas en una guerra. Lo que estaba en juego no era la felicidad del individuo, sino la victoria y la libertad del pueblo.

Volvió a casa de Vriend para despedirse, y cogió un tren hacia el norte, a casa de su madre. Ella seguía viviendo en una incertidumbre atroz, pues llevaba dos semanas enteras sin recibir noticias de su padre. Ahora era especialmente importante para John ser fuerte para poder consolarla.

En el tren pensó en lo que podría decir. Formuló frases valientes y nobles, un pasaje de las Escrituras, una palabra de aliento de un discurso de la Reina.

Pero cuando la encontró aquella noche en la desnuda cocina de una granja abandonada y vio la impotente tristeza en sus ojos, cuando se dio cuenta de lo vacía que sería la vida para ella si papá no volvía, sus fuerzas se agotaron de repente. Sollozó por su dolor común con la cabeza en su regazo.

CAPÍTULO NUEVE

DURANTE LOS MESES SIGUIENTES, LA guerra entre la resistencia y los nazis se intensificó.

En Nochevieja, John llevó a su madre y a los dos hijos menores, Hansie y Trudy, a casa de unos amigos en Groninga, la provincia más al norte. Aquí tendría a alguien que cuidara de ella, y tendría más cosas en que ocupar su mente que en aquella solitaria granja. Pasó la noche en la ciudad.

En mitad de la noche, oyó disparos en la calle. A la mañana siguiente se enteró de que varios ciudadanos prominentes conocidos por ser antialemanes habían sido sacados de la cama y abatidos a tiros delante de sus casas. Los alemanes lo llamaron «tomar represalias». Al parecer, un policía que había estado cooperando con el S. D. había sido ejecutado el día anterior por un grupo de la resistencia. Dándole el nombre de «represalias», los nazis intentaron legitimar su reino de terror.

Unas dos semanas después, mientras John visitaba al tío Gerrit en su casita junto al canal, la granja de los Hoving fue asaltada durante la noche por la organización nazi holandesa llamada Guardia Nacional, reforzada por soldados alemanes. Tras una breve lucha, el granjero y su hijo fueron dominados y llevados al campo de Westerbork, donde fueron ejecutados al día siguiente.

Los cuatro judíos escondidos en la granja Hoving también fueron enviados a Westerbork y trasladados a un campo de exterminio alemán en el primer transporte disponible.

Entre ellos estaban los padres de Marie, la niña que había formado parte de la familia de John durante mucho tiempo y que ahora vivía con los Biemolt. Marie no se enteraría del destino de sus padres hasta el final de la guerra.

La Sra. Hoving y su hija fueron expulsadas de su casa. Los nazis se llevaron muebles, herramientas, provisiones y animales de granja. La gente miraba conmocionada desde detrás de sus cortinas, y los que se escondían buceando se preguntaban cuándo les llegaría el turno. Pero la crueldad y el terror no ablandaron la resistencia de nadie. Por el contrario, el odio hacia los que colaboraban con el enemigo se intensificó.

Dos días después, uno de los guardias nacionales que había participado en el asalto a la granja de los Hoving desapareció de repente sin dejar rastro. Un barquero lo encontró flotando en el canal y se lo contó al tío Gerrit. Este le dijo al barquero que no dijera nada, y él y John ataron sacos de arena al cadáver para que no lo volvieran a encontrar. Un granjero de la M. N. S. se mudó a la casa vacía de los Hoving e intentó congraciarse con sus vecinos, pero nadie quiso saber nada de él. Él y su familia vivían de las provisiones que habían dejado.

La Guardia Nacional era un gran peligro para John cuando visitaba su distrito natal, pues los granjeros locales de la M. N. S. lo conocían. Ahora patrullaban los caminos todos los días con rifles de caza. Incluso por la noche John tenía que tener cuidado. Cuando salía en bicicleta, se alejaba de cualquiera que circulara detrás de él, y siempre que entraba en una habitación, se colocaba de modo que pudiera vigilar la puerta y las ventanas.

Al quedarse con el tío Gerrit, fue recuperando rápidamente la salud y la fuerza. El viejo lo atribuyó al aire del campo y a la dieta de la granja.

La edad del tío Gerrit empezaba a pasarle factura. Algunas mañanas estaba encorvado por el reuma. Pero se ocupaba fielmente de la vieja casa, cuidando el huerto y las abejas. Había ahorrado los beneficios de la fruta y la miel para ayudar a reconstruir la casa.

Los ladrillos de la vieja casa estaban bien apilados en el patio, con la argamasa cuidadosamente desprendida. El tío Gerrit había retirado las cenizas y otros escombros, y en cuanto la escarcha se hubiera retirado del suelo, pensaba empezar a cavar los nuevos cimientos. Seguía siendo el mismo optimista de siempre. Podrían empezar a construir el próximo verano, le aseguró a John, como si Churchill le hubiera dado una garantía personal de que la invasión llegaría esta primavera.

Incluso el líder del M. N. S., Mussert, se había referido a la inminente invasión en su discurso de Año Nuevo, y los periódicos nazis publicaban regularmente instrucciones sobre cómo debía comportarse el pueblo en caso de invasión aliada.

A pesar de la creciente tensión, el viejo tío Gerrit aún no había perdido el sentido del humor. Y no estaba preocupado en absoluto por el padre, si es que le creían. Dick Vriend les había contado que el padre había sido trasladado a

Alemania, al parecer a Dachau. Cuando el tío Gerrit escuchó la noticia, su rostro se iluminó como si se tratara de una buena noticia.

—No lo pusieron contra la pared, ¿verdad? Y sigue vivo —dijo el tío Gerrit—. ¡Ahora estoy seguro de que llegará al final de la guerra!

—¿Cómo puedes decir eso, sabiendo lo que se vive en esos campos? —exclamó John con desesperación.

—Claro que es malo —respondió el tío Gerrit—. Pero tu padre tiene algo, una chispa que no van a apagar tan fácilmente. Conozco a tu padre desde que era un chiquillo, y te digo que si alguien puede sobrevivir, es él. Piensa en el Sr. Wiesel. Tu padre es tan duro como él. Fritz puede hablarte de él. Pasó casi un año en el campo de Vught. ¡Claro, fue un calvario terrible! Salió hecho piel y huesos. Pero ha vuelto a ser el mismo de antes. Y tu padre no tendrá que esperar un año hasta que sea liberado. ¡Solo espera y verás! Y cuando llegue a casa, lo dejaremos como nuevo. Con la comida de tu madre... Oh chico, te lo digo, no será nada de tiempo... nada de tiempo.

Tricia y Fritz estaban presentes cuando el viejo dijo eso, y Tricia se animó notablemente. Entonces John no dijo nada. Tricia se enfrentaba a sus exámenes finales, como John el año pasado. Vivía con un profesor y trabajaba duro. Los domingos los pasaba con su madre.

El último informe de Fritz fue muy pobre. Decía que no podía estudiar. ¿Qué le importaban todos esos libros tontos cuando la familia estaba destrozada y el resto de la vida también se estaba desmoronando? Quizá cuando las cosas volvieran a la normalidad, o si volvían, volvería a pensar en la escuela. Sin embargo, podía recitar todos los sucesos del distrito y describir con detalle los últimos acontecimientos en todos los frentes de batalla. Se suponía que trabajaba a cambio de alojamiento y comida con un panadero que se había hecho amigo suyo, pero solo se presentaba allí por la noche para comer y dormir.

Estaba dispuesto a hacer cualquier cosa por el Sr. Wiesel, su antiguo profesor, y llamaba a su puerta con regularidad, llevando cestas de comida que había gorroneado nadie sabía de dónde. Una semana después de llegar a casa desde el campo de concentración, el Sr. Wiesel regresó a la escuela apoyándose en un bastón. Le habían prohibido terminantemente hablar del campo, pero si alguien quería saber algo sobre los campos, decía el Sr. Wiesel, solo tenía que mirarle.

El otro profesor, el Sr. Van der Broek, al que Fritz había tenido en tan alta estima por sus declaraciones en clase contra los nazis, pero que había tenido miedo de esconder a una niña judía, también había sido encarcelado. Pero solo por decir «Ozo» una vez de más, dijo Fritz. Lo encerraron en una celda toda la noche.

Un policía dijo que había llorado y sollozado tan fuerte toda la noche que los alemanes lo habían soltado a la mañana siguiente para librarse del ruido. Pero ahora se pavoneaba por la ciudad como si hubiera soportado todo lo que el enemigo podía darle.

—¡Y luego tengo que sentarme en clase a escuchar a un asqueroso como ése! —resopló Fritz—. ¡No, gracias! —Se saltó todas las clases de Van der Broek, y el director hizo la vista gorda.

—Hay cosas más importantes que hacer —dijo Fritz.

—¿Cómo qué? —preguntó su hermano.

Fritz se sorprendió a sí mismo.

—Prometí no decírselo a nadie.

—Escucha, Fritz, eres demasiado joven para este tipo de trabajo —dijo John, preocupado—. ¡Ojalá lo dejaras!

—¿Demasiado joven? —preguntó Fritz—. ¿Cuántos años tenías cuando empezó la guerra y saliste con papá y tío Gerrit a pescar cañones en el canal? Haz memoria. Tenías la misma edad que yo tengo ahora.

—¡Pero ahora es mucho más peligroso! —argumentó John—. Los alemanes son mucho más despiadados, y son más listos.

—Nosotros también —replicó Fritz—. No somos tan tontos como ustedes: como para salir desarmados o para celebrar una reunión secreta con un nazi al lado vigilándolo todo.

—A papá no le gustaría —dijo John como último recurso.

—Sí, hablemos de papá —dijo Fritz bruscamente—. Mientras a él lo matan de hambre y de trabajo en Dachau, se supone que yo debo sentarme aquí y jugar a ser el niñito rubio... ¿es eso lo que quieres? Déjame decirte esto, John: si papá muere en ese campo, ¡voy a hundir media docena de esos diablos en el canal! ¡Verás si no lo hago!

—Dieciséis —dijo John, como para sí mismo.

—¡Sí, dieciséis! —repitió Fritz—. Casi diecisiete, de hecho. ¿Has visto las últimas tropas de ocupación que están enviando los alemanes?

Los más viejos van todos al frente oriental. Algunos de los que vienen no son mayores que yo. Pero hacen tan buen trabajo como esos viejos lentos.

—¡Eh, cuidado con los viejos! Mostrad un poco de respeto —dijo el tío Gerrit. Pero nadie se rió.

John no presionó. No se atrevía a pelearse con su hermano. En su mente, vio a Fritz colgando del cable del globo desbocado y oyó al tío Gerrit decir: «Una vez que se agarra a algo, seguro que no lo suelta». Tuvo la tentación de cerrar los ojos y dejar que pasara lo que tuviera que pasar. La lucha diaria y la miseria le agotaban; estaba harto de ello. No tenía energía para más. Quizá aún no se había recuperado del todo de su herida.

Una extraña desgana también le alejaba del grupo. Ya podría haber estado ayudando. Le habían llegado dos cartas de sus compañeros, transmitidas por Van der Mey. Las cosas iban bien y se mantenían ocupados, decían las cartas. Además de algunos trabajos menores, habían asaltado una oficina de empleo del distrito y destruido todos sus archivos. Pasaría mucho tiempo antes de que más jóvenes fueran llamados a las filas en ese distrito para servir en Alemania. Ahora estaban planeando otro asalto a una oficina de distribución.

Tras la muerte de Joe, otros dos jóvenes se habían unido al grupo. Pero el lugar de John seguía abierto, escribió el tío Henry; todos le echaban de menos. La segunda carta había sido firmada por cada miembro del grupo.

—Mi corazón suspira por ti —había escrito Sylvia en una letra elegante y fluida, con rizos y volutas que cubrían la mitad de la página. Era la letra de una canción popular americana que a ella le gustaba cantar. Así era ella. Los sentimientos eran una broma. Pero, al parecer, había olvidado su enfado justo antes de que John abandonara el hospital. A veces incluso la echaba de menos.

Tras leer la carta, decidió que tenía el honor de regresar al grupo y volver a la lucha. Decidió marcharse a la mañana siguiente. Pero cuando buscó en su cartera un horario de tren que había puesto allí, se encontró con una fotografía descolorida del padre. Volvió a oírle decir, con un deje de desesperación en la voz: «¡Uno de nosotros tiene que sobrevivir, John!». Cuando recordó aquella noche de escondite y casi asfixia, casi le falló el valor.

Una vez más, fue William quien le sacó de su indecisión. Un día de niebla de febrero, entró de repente en la casita del canal, con los ojos tan desorbitados y tembloroso como la primera vez que John lo había visto. Con rabia y desesperación, le dijo a John que el grupo había sido aniquilado. El tío Henry y Pete habían sido asesinados. Los dos nuevos miembros, Louis y Ted, habían caído prisioneros, al igual que Angie y la tía Nellie. Sylvia lo había hecho, ¡los había traicionado a todos! ¡Esa serpiente fría e insidiosa! ¡Esa bruja despiadada de hermosa máscara! ¡Esa diablesa! William no encontraba palabras para expresar su odio y su dolor.

Todo había ocurrido el día anterior. Todos estaban en casa menos Robert, que había ido a Utrecht a una reunión. Sylvia y Angie estaban solas en otra habitación y, de repente, se oyeron gritos. Sylvia había golpeado a Angie y esta había empezado a proferir acusaciones que habían dejado estupefactos a los demás. Al parecer, Sylvia había vendido en secreto más de doscientas cartillas de racionamiento en el mercado negro. El tío Henry se había hecho cargo e interrogado a las dos chicas. La culpabilidad de Sylvia había quedado demostrada sin lugar a dudas.

El tío Henry estaba furioso. Sin embargo, la joven se había quedado allí de pie, mirándolos con aquella sonrisa fría y desdeñosa. Finalmente le ordenó que subiera y se quedara allí hasta que Robert regresara. Entonces escucharía su sentencia. Tal vez la palabra sentencia fue la causa de la traición.

Cuando Robert llegó a casa, a eso de las diez, se negó a creer una palabra de la historia de Angie y se enzarzó en una fuerte discusión con el tío Henry. Subió corriendo a la habitación de Sylvia y la encontró vacía. Inmediatamente se volvió a poner el abrigo y fue a buscarla a la ciudad.

—Si ella no vuelve —le había gritado al tío Henry—, yo tampoco volveré. —Luego dio un portazo y se marchó.

—Leo y yo fuimos tras él para calmarlo —prosiguió William—, y eso fue lo que nos salvó. Fuimos con él a comprobar varios lugares a los que podría haber ido Sylvia, y en la última dirección, como ya había pasado el toque de queda, decidimos que probablemente había vuelto a casa. Convencimos a Robert para que mirara las cosas con calma y volvimos a hurtadillas a casa a eso de las doce y media. Cuando llegamos, el furgón policial ya estaba frente a la casa. Debía de haber ido directamente a la comisaría.

No es que sospecháramos de ella de inmediato. Pero en la comisaría a uno de los alemanes se le escapó su nombre, y un policía leal que estaba en el registro lo oyó. Más tarde consiguió hablar con la tía Nellie. Ella dijo que el S. D. había entrado en la casa de repente, sin ningún tipo de aviso. Ni siquiera el perro había ladrado.

¿Recuerdas que cuando algunos de nosotros salíamos después del toque de queda la tía Nellie solía esconder la llave fuera? Bueno, los alemanes debían saber exactamente dónde encontrarla. Tal vez incluso estaba con ellos y los dejó entrar. Louis y Ted fueron arrestados en sus camas, pero el tío Henry y Pete, que dormían en otra habitación, opusieron resistencia y ambos fueron asesinados. Cuando registraron la casa, el S. D. sabía exactamente dónde buscar. Uno de ellos fue directamente a la silla que tenía todas nuestras armas dentro. ¡Se llevaron todo! ¡No queda nada, John!

Incluso tienen el auto. Esa bruja lo había recogido a las nueve. Teníamos el auto escondido en el tanatorio, con el auto fúnebre. La jardinera no sospechaba nada, claro, porque siempre era ella la que venía a recoger el auto y a dejarlo. ¿Por eso lo hacía, John? ¿Para poder pasearse como una dama elegante? ¿Nos traicionó a todos por un puñado de cartillas de racionamiento? Parece increíble, el tío Henry y Pete... increíble...

Se quedó en silencio y se sentó tembloroso, con la cara entre las manos. El tío Gerrit se levantó, cogió una botella del armario y sirvió algo en un vaso.

—Toma, bébete eso. Te ayudará a calmar los nervios —dijo, pero William no pareció oírlo.

—No éramos más que un puñado de inocentes chiquillos —dijo como aturdido—. ¡Encaprichados! No éramos rivales para ella. Robert debería haberla descubierto. Pero, no, él era más ciego que cualquiera de nosotros. Creo que estaba enamorado de ella.

La culpa subió a la garganta de John como la bilis. Él también debería haberla descubierto hacía dos meses en el hospital.

«Te lo advierto…» había dicho ella. Ahora sabía lo que significaba aquella advertencia. El secreto que se escondía tras aquellos hermosos ojos era el puro interés personal. Cuando veía bloqueadas sus ambiciones, destruía a sangre fría. ¿O había estado confabulada con el S. D. desde el principio? Pero él, John De Boer, se había metido en su caparazón por miedo a aquellos ojos fulminantes. No le había advertido al tío Henry; había olvidado todo el asunto.

—Oh, Dios, ¿qué vamos a hacer ahora? —preguntó John, como una oración de desesperación.

—Tienes que ayudarme a salvar a quien podamos —dijo William—. Por eso estoy aquí. La bruja conoce la dirección de Van der Mey, así que hay que avisarle. La última carta que recibiste, ¡ella la envió! Tampoco creas que se ha olvidado de ti. Pero el tío Gerrit puede advertirle. Tenemos que ir a Ámsterdam ahora mismo. Conoces algunos de los lugares donde solía ir el tío Henry. Yo no. Llévate todo el dinero que puedas; estoy casi sin dinero.

—Esa mujer tiene todas las cartas, hombre. Fue a todas partes con el tío Henry. Anoche avisamos a tanta gente del pueblo y de la zona como pudimos, y esta mañana Leo y yo llamamos a quien pudimos. Robert nos dio algunas direcciones, pero para el resto es inútil. No se ha vuelto loco exactamente, pero está obsesionado con un solo pensamiento: encontrarla. Tiene una buena oportunidad, también. Conoce a todos los amigos de ella en Róterdam y Leiden, y puede ir donde quiera con sus papeles del S. D. Espero que la encuentre pronto.

Si empieza a testificar contra los otros compañeros y contra la tía Nellie y Angie, están muertos. Ella sabe todo sobre ellas. Tal vez aún podamos ayudarlas. He acordado reunirme con

Robert en cierto lugar mañana por la noche. Todavía somos cuatro. ¡Aún no nos ha destruido a todos! Pero ya ni siquiera tengo un arma.

—Yo puedo ayudarte en eso, muchacho —intervino el tío Gerrit—. Tengo una pistola escondida en una de mis colmenas. ¡Esa, la tercera por la izquierda! Debería haber algunas balas allí también, envueltas en un trapo. Bueno, será mejor que me ponga en marcha para avisar a Van der Mey.

Gruñendo, se puso una chaqueta de lana y volvió a la mesa, con la boca desdentada como una herida lúgubre en su rostro oscuro y arrugado.

—Nunca había orado pidiendo la muerte de nadie —dijo—. ¡Esta es la primera vez!

Esa noche no llegaron a Ámsterdam. Al otro lado de Meppel, su tren fue ametrallado por cazas ingleses. La locomotora se detuvo y una nube de vapor salió por varios agujeros. Los pasajeros huyeron gritando a las cunetas.

Varias personas del primer vagón habían sido alcanzadas.

Pero William y John no tuvieron tiempo de ayudar. Atravesaron los campos hasta una carretera y se subieron a un camión. El hombre los llevó a Zwolle, donde avisaron a uno de los contactos del tío Henry. Pasaron la noche en casa del camionero y le convencieron para que les llevara a Amersfoort. Saldrían a las cuatro de la mañana siguiente. Les costó el anillo de oro de William, el reloj de John y cincuenta florines. Pero ya no les importaba. El tiempo era mucho más importante que el dinero.

Estuvieron dando vueltas en la cama durante un par de horas en la pequeña y gélida habitación del desván. Los pensamientos de John volvían una y otra vez al tío Henry y a los demás, pero no podía permitirse pensar solo en eso. ¿Cómo se llamaba el hombre de la radio de Utrecht que a veces hacía negocios con el tío Henry? ¿Sería capaz de encontrar la casa del extremo sur de Ámsterdam donde se había celebrado la primera reunión con su padre y los demás hombres de la L. O.? El tío Henry había ido allí varias veces después, llevando consigo a Sylvia para que llevara los papeles. No, no debía volver a pensar en el tío Henry. No era momento para lamentarse. No debía permitir que su mente se distrajera con recuerdos. Tenía que seguir adelante. Tenía que concentrarse en los peligros presentes, ¡para salvar las vidas que pudiera!

Llegaron a Amersfoort al amanecer. El camionero intentó sacarles diez florines más, pero William perdió los estribos de repente y le dijo que podría recibir un puñetazo en la boca, pero que no iba a sacarles ni un céntimo más. Los dos amigos se separaron en la estación de tren: William se dirigió a Utrecht y luego a La Haya, y John a Ámsterdam.

Menos de dos horas después, John estaba en casa de Dick Vriend. Le dio a John la dirección en el extremo sur y un par de otras direcciones donde el tío Henry podría haber estado con Sylvia. También le dijo que el abuelo Meyer y la señora Steen habían muerto en prisión y que Sophie estaba en el campo de Vught. Pero John ya no se sintió conmovido. No podía permitírselo.

Fue a la dirección del extremo sur de la ciudad y allí le dieron otra dirección. La mujer le reconoció y le invitó a tomar un café, pero él lo rechazó. Debía salir cuanto antes, recalcó. Golpeó todas las demás direcciones con su terrible advertencia y luego se detuvo en un puesto de verduras y compró una zanahoria grande, pues no tenía ni una tarjeta de racionamiento. Tuvo que pagar un precio desorbitado por la zanahoria medio congelada.

Mientras caminaba por la calle masticándola, pensó en el profesor Van Loon, que una vez le había conseguido información sobre su padre. Van Loon también había conocido al tío Henry. John llegó a la casa antes de lo que esperaba y se quedó un minuto en la acera terminando su zanahoria. Cuando se acercó a la puerta para llamar al timbre, de repente le asaltó un presentimiento tan temible que se dio la vuelta y siguió caminando. Intentó forzarse a volver. Era una tontería. Entonces recordó que Van Loon tenía teléfono. Así que marcó el número de Van Loon desde un café cercano.

—*Ja, hallo* —dijo una voz—, *dis is Von Loon*.

John colgó sin contestar. Los alemanes se le habían adelantado y ya estaban vigilando la casa.

Su mente apenas registraba cuán milagrosamente se había salvado, porque en el café un viejo tocadiscos empezó a emitir una melodía familiar: «Mi corazón suspira por ti», las palabras que Sylvia había escrito detrás de su nombre. Por primera vez, él también «suspiraba» por ella. El odio se agitó en su corazón. Se apresuró a ir a la estación para coger el tren a Leiden.

Esa noche, los cuatro miembros restantes del grupo se sentaron juntos en una habitación alquilada y estéril y decidieron que Leo y William irían a Utrecht, donde la tía Nellie y los demás estaban encarcelados, para ver si se podía hacer algo para ayudarles. John y Robert, mientras tanto, volverían a Ámsterdam porque Robert estaba convencido de que allí tenían muchas posibilidades de encontrar a Sylvia. Había descubierto que ella estaba liada con un oficial del S. D. destinado en Ámsterdam.

La noche que los había traicionado, hizo una llamada a Ámsterdam, y el S. D. de Utrecht había recibido sus instrucciones desde allí. Robert no dijo cómo había llegado a esa información; de hecho, no dijo más de lo estrictamente necesario y no mencionó el nombre de Sylvia. En sus ojos había una mirada distante, lejana.

Durante tres días buscaron sin obtener ninguna pista. Entonces, una tarde, John caminaba por la calle principal de uno de los suburbios de Ámsterdam cuando, de repente, oyó el familiar sonido del Citroën detrás de él.

—¡Es ella! —pensó—. ¡No gires la cabeza! —Pero no pudo resistirse.

Allí estaba Sylvia, al volante del Citroën, con un abrigo de piel gris plateado y fumando un cigarrillo. A su lado estaba sentado un hombre vestido de paisano. Ella se quitó el cigarrillo de la boca y se rió de algo que había dicho el hombre. John sintió su mirada pasar sobre él, y luego ella pasó. El Citroën aceleró y salió a toda velocidad hacia el centro de la ciudad. No se había fijado en él. ¿O no? A él le seguía pareciendo que ella le miraba.

Ahora corría, abrazando los edificios. Si llegaba a tiempo a la esquina, podría ver por dónde giraba.

Pero cuando llegó a la esquina, la carretera asfaltada yacía tranquila y desierta, envuelta en largas sombras. ¿Cómo iba a localizarla ahora? Siguió la carretera hasta que desembocó en un parque. Tendría que haber girado hacia el centro de la ciudad o alejarse de este. Empezó a caminar hacia la ciudad, aunque no tenía ninguna esperanza de encontrarla. Al llegar a una pequeña plaza, se detuvo de repente, con el corazón latiéndole violentamente. Allí, bajo los árboles, estaba el Citroën negro. A pesar de su matrícula militar alemana, John habría reconocido el auto de Berends en cualquier parte.

Corrió calle abajo buscando un lugar desde donde llamar, rezando para que Robert estuviera en casa. No era muy probable. Pero cuando llamó, el propio Robert contestó al teléfono. Unas pocas palabras bastaron. Menos de diez minutos después, caminaban el uno hacia el otro a una manzana de donde John había encontrado el auto.

El auto seguía allí. El crepúsculo se apoderaba de la ciudad. Había música en un par de bares caros de los alrededores.

Ahora tenían tiempo de sobra. Pero ambos respiraban con dificultad. Sin embargo, la voz de Robert era tranquila y alerta.

—Di lo que quieras —dijo—, tienes que admitir que yo tengo más derecho a ella que tú.

Además, yo tengo la pistola. Haz lo que quieras; yo me quedo con el auto. Quizá me meta en el asiento trasero. Tarde o temprano ella volverá aquí.

Aunque no iba armado, John sintió que debía quedarse. Rodeó la plaza, acercándose lentamente a uno de los bares. Tal vez podría averiguar dónde estaba ella. «Mi corazón suspira por ti...». Un portero, con su trenza dorada brillando bajo los últimos rayos del sol poniente, le abrochó el botón y le invitó a pasar. Empezó a darse la vuelta, pero se detuvo y le preguntó si había visto entrar a una mujer con un abrigo de piel gris.

Una vez pronunciadas las palabras, se sorprendió a sí mismo. «Ha sido una tontería», pensó. Ignoró la oferta del hombre de acompañarle al interior para que pudiera echar un vistazo, y empezó a alejarse cuando sintió a alguien detrás de él. Algo duro se clavó en su espalda. Una voz rugió detrás de él:

—¡Si te das la vuelta, estás muerto! Estás detenido.

Alguien le agarró el brazo y luego el otro, y le esposaron las manos por detrás.

CAPÍTULO DIEZ

TRAS LA PRIMERA SACUDIDA, SE SINTIÓ notablemente mareado, casi aliviado. Por fin había sucedido. Lo que había temido durante meses era ahora una realidad. Ya no había motivos para temerlo.

Le empujaron entre las casas oscuras y las fachadas de las tiendas. Por su mente pasó la idea de que Robert podría ayudarle. Pero no, Robert tenía que atraparla. Resistió la tentación de mirar en dirección al auto. Robert no debía fallar. Él mismo estaba fuera de sí. Al fin y al cabo, Sylvia le había reconocido y le había tendido una trampa. Ahora tal vez ella bajaría la guardia. Iría al auto pensando que no había moros en la costa. Podía tener todas las cartas en la mano, como había dicho William, pero ahora la habían engañado.

¿Estaría vinculado a su muerte? ¿Qué tenían contra él? No tenía nada en su poder salvo su identificación, que estaba completamente en regla. No había ninguna ley que prohibiera parar en un bar.

Se enderezó y miró a los dos hombres que tiraban de él. El soldado que le sujetaba por las esposas era considerablemente más bajo que él; el otro, el hombre de la voz áspera, le sujetaba ligeramente por un brazo. Su traje olía a perfume. Si no estuviera esposado...

Llegaron a la esquina. Delante estaba el canal. Una chica se detuvo en la acera y observó cómo se lo llevaban. No pudo verle la cara en la oscuridad, pero le recordó a Tricia.

El bajito tiró de las esposas para que le cortaran las muñecas.

—¿Qué quieren de mí? —preguntó John.

—¡Cállate! —gruñó el otro y pateó a John en la pierna.

Doblando otra esquina. Por un estrecho pasadizo entre dos edificios, con el eco de sus pasos. Una puerta desconchada. El pequeño llamó al timbre. Un hombre pesado con uniforme negro abrió la puerta. Un pasillo mohoso y sombrío. Por el pasillo hasta una puerta de acero que llegaba del suelo al techo. La llave chirrió en la cerradura y el portón se cerró con estrépito tras ellos. Las llaves sonaron y John empezó a sentir el pánico de un animal enjaulado. ¿Había pasado también su padre por este pasillo hacía dos meses? La idea le produjo una extraña sensación de satisfacción.

En una habitación desnuda e iluminada con luces brillantes, le quitaron las esposas. Se frotó las muñecas. Otro funcionario con uniforme negro, más viejo que el que les había dejado entrar, estaba de pie detrás de una mesa. De repente, el alemán de voz ronca agarró a John por la parte delantera de la camisa y lo estampó contra la pared. Por primera vez vio bien la cara del hombre. Era el hombre que había estado en el auto con Sylvia.

—Ahora, ¿qué era lo que querías? ¿Esto te hace feliz, eh? —Con cada pregunta, golpeaba a John contra la pared. John temblaba de rabia y luchaba por mantener el autocontrol. Sería una tontería devolverle el golpe.

—¿No hay respuestas? —Otro golpe.

—¡No sé de qué me hablas! —dijo, y le disgustó el temblor de su voz—. ¿No se suponía que tenía que estar ahí de pie?

—¡Él no lo sabe! —¡Golpe!— ¿Entonces por qué preguntabas por una señora con abrigo de piel? —¡Golpe!— ¿Qué querías de ella? —¡Golpe!

—¿Ah, eso? Solo buscaba a mi hermana. —Se sobresaltó al oír la mentira salir de su boca. Había hablado antes de pensar en la historia—. Le pregunté al portero...

—Tu hermana, ¿eh? —¡Golpe! El hombre soltó su camisa—. ¿Así que la mujer del abrigo de piel es tu hermana? Bueno, dentro de unos minutos te reunirás con tu hermana. ¿No será maravilloso? Veremos cómo te recibe tu hermana.

«No si Robert tiene algo que decir al respecto», pensó John.

—Enciérrenlo —dijo el hombre—. ¡Volveremos enseguida!

El oficial saludó. Los alemanes se pusieron en marcha. Tenía que desempeñar su papel a fondo.

—¡Un momento! ¡No pueden hacer esto! ¡No pueden encerrar a alguien que no ha hecho nada!

El hombre más alto volvió.

—¿Quién te crees que eres para decirnos lo que podemos y no podemos hacer?

Su cara estaba a solo unos centímetros de la de John. Y entonces John se estrelló contra la pared una vez más, saboreando la sangre en su boca. Todavía sentía los nudillos del hombre en la mandíbula. Los dos hombres salieron por la puerta riendo a carcajadas.

—Yo que tú no los miraría así —advirtió el viejo funcionario—. Eso solo conseguirá que te den más palizas. Ven aquí y vacía tus bolsillos. ¿Eres de fuera?

Con mano temblorosa, John sacó su cartera, una navaja y su identificación, y los puso sobre la mesa delante del anciano. Le devolvió el pañuelo.

El anciano estudió su identificación y luego rebuscó en su cartera. Una gavilla de papeles y fotos se deslizó sobre la mesa. John se llevó un susto repentino, pues entre los papeles había otro carné. Tenía dos carnés idénticos salvo por el lugar de residencia. En uno ponía Meppel y en el otro Ámsterdam. Utilizaba el de la dirección de Meppel cuando visitaba su provincia natal; los residentes de las grandes ciudades levantaban sospechas. Las pobladas cejas del anciano ocultaban sus ojos mientras se inclinaba sobre los papeles. Miró la segunda identificación y preguntó a John:

—¿De dónde dices que eres?

—Meppel.

—¿Estás seguro?

—Sí, señor.

Una identificación volvió a la cartera. La otra había desaparecido. Sabía que no debía dar las gracias. El hombre miró una lista y pulsó un botón. Entró un joven guardia pelirrojo.

—Número 83 —dijo el anciano—. No olvides avisar a la cocina.

—¡Sí, señor!

El pelirrojo le llevó a una habitación más pequeña y lo revisó.

—Sígueme —dijo el guardia.

Por un largo pasillo, subiendo dos tramos de escaleras. Otro pasillo, este con puertas de celdas a ambos lados. Otro guardia estaba de pie en una de las puertas mirando por una mirilla. Ni siquiera levantó la vista cuando pasaron. Un largo y perezoso bostezo sonó desde algún lugar. Se detuvieron ante una puerta con el número 83 y el guardia la abrió. Le indicó a

John que entrara con un cacareo, como si estuviera dando una orden a un perro. John dio un paso y la puerta se cerró sobre sus talones. Las reverberaciones le recorrieron todo el cuerpo. Estaba al final del camino. Se desplomó contra la puerta.

Al cabo de unos segundos se dio cuenta de que había otro hombre en la celda. Tumbado en un catre, estaba ocupado con un rompecabezas de cuerda que abarcaba los dedos extendidos de ambas manos.

—Mira —dijo—, ¡eso se llama cerdo en un corral!

Luego se metió el cordel en el bolsillo y se levantó.

—No diré bienvenido —dijo con una media sonrisa—. Pero debo admitir que me alegra tener compañía. Permítanme presentarme. Soy Van Doorn.

—John Van der Sloep —dijo John, tendiendo la mano—. Al menos, según mi identificación.

—Bueno, soy Dirk Van Doorn, según mi identificación, certificado de nacimiento, licencia de matrimonio y diploma —dijo el otro hombre—. Me gradué en el seminario como misionero, pero la guerra me retuvo aquí. Puedes llamarme Dirk. ¿Qué delito has cometido?

—Me retienen para interrogarme —dijo John, sin saber muy bien qué decirle a aquel hombre—. Probablemente volverán por mí en unos minutos.

—Entonces será mejor que te sientes y pienses bien tu historia —dijo Dirk—. Sea lo que sea lo que les cuentes, cíñete a ello. Si tienes problemas con tu historia, pruébala conmigo; quizá pueda ayudarte. ¿Quieres un vaso de agua?

—¡Por favor!

—¿Tienes algo en los bolsillos? Será mejor que me lo des. Te registrarán otra vez. Espera un momento. Me pondré delante de la mirilla. Ahora, siéntate y concéntrate en tu historia.

John estuvo sentado en una mesita plegable que sobresalía de la pared durante una media hora antes de que unos pasos resonaran por el pasillo y se detuvieran ante la puerta. La pequeña trampilla de la puerta se abrió y una mano introdujo una lata en la celda.

—¡Dos, por favor! —gritó Dirk—. Hoy tengo compañía. Y puedes saltarte el vino y los filetes; los dos estamos a dieta. Oye, aquí solo hay un colchón. El segundo no tiene por qué ser king size. Uno normal servirá.

—Sí, sí, majestad. Todos sus deseos son órdenes para mí —respondió el guardia desde el otro lado de la puerta. La escotilla se cerró.

—¡Oh, vaya, nabos! —dijo Dirk, inclinándose sobre su pequeña lata—. Me encantan los nabos.

John probó un bocado, y su estómago se revolvió ante el olor y la textura de la comida. Dirk aceptó con entusiasmo la ración de John y limpió las dos latas con el dedo.

—¿Estás listo con tu historia? —le preguntó a John.

—Supongo que sí —respondió desanimado. ¿De qué serviría? Todo dependía de Robert. Si Robert fracasaba, ninguna historia le salvaría. Sylvia lo contaría todo sobre él.

El tiempo pasaba lentamente. Un guardia vino a traer el colchón de John. De repente se dio cuenta de que la larga espera podía ser una buena señal. Iban a traerla para identificarlo. ¿Por qué no lo habían hecho?

Un golpe vino de la celda de al lado. Tap, tap, tap TAP. La señal de la V. Dirk respondió con un golpecito. Luego se tumbó en el suelo con la boca junto al tubo del radiador y habló por él.

—Un joven —respondió—. No lo sé, no soy su interrogador. ¿Algo más? ¿Invasión? ¡Estás loco! ¡He dicho que estás loco! ¡Silencio!

Un fuerte golpe en la puerta.

—¡Apaguen las luces! —gritó alguien.

—¡Buenas noches! —dijo Dirk—. Ya puedes relajarte. Esta noche ya no vendrán a buscarte. Tú te quedas con la cama; yo, con el colchón del suelo. Insisto. Después de todo, eres mi invitado.

John se estiró en la cama. La manta olía a lisol. ¿Dónde había olido antes ese hedor? Westerbork, eso es, ¡el campo de Westerbork! Afuera, en la exuberante pradera verde con... No, no debía pensar en eso.

Se quedaron hablando en la oscuridad hasta que pasó el guardia para revisar la cama.

Pasaban botas pesadas. Desde el fondo del pasillo llegó el sonido de un cerrojo al ser golpeado en su lugar.

—Han detenido a alguien —dijo Dirk—. Ya te acostumbrarás. Ocurre muy a menudo. A veces en mitad de la noche.

Desde la celda vecina se oyeron unos suaves golpecitos, pero Dirk no respondió. Le habló a John de su mujer y sus hijos, con una voz tan grave que John apenas podía oírle. Tenía un niño y una niña. Nunca había visto a la niña. Había nacido después de que lo detuvieran. Tendría que esperar hasta el final de la guerra. Esperaba que lo enviaran pronto a un campo; entonces lo conseguiría, supuso. Si se quedaba aquí, temía que acabaran fusilándolo en una represalia. Hacía poco, veinte hombres habían sido alineados contra el muro y asesinados porque en algún lugar un soldado alemán había sido empujado a un canal.

—¿En qué estás metido? —preguntó John.

—Ah, lo de siempre: editar un pequeño periódico de la resistencia, ayudar a algunos judíos. En resumen, hice todo lo que pude para amar a Dios por encima de todo y al prójimo como a mí mismo. No puedo decir que siempre tuviera éxito. A menudo fracasé. Pero no fue por mis fracasos por lo que me metieron en la cárcel. —Luego añadió con otra voz—. ¡Buenas noches! Que tengas felices sueños. No tienes nada de qué preocuparte: las puertas están cerradas, las ventanas están cerradas, ningún ladrón te molestará aquí. Duerme bien, John.

—Buenas noches, Dirk.

Amigos y hermanos, aunque solo se conocían desde hacía dos horas. Si al menos no roncara tan fuerte, pensó John. Ah, bueno, ya le habían dicho que él también roncaba. «Seguramente estaré despierto toda la noche», se dijo.

Unos minutos después, se quedó dormido. Se despertó en mitad de la noche pensando en Robert. Una pálida franja de luz de luna se deslizaba por el suelo desde la ventana. ¿Seguía esperando en el auto? Pensó en los demás que habían sido encerrados en una celda por culpa de Sylvia. Oró por ellos, pero no se atrevió a mencionarla. Luego volvió a quedarse dormido.

Mientras se lavaban a la mañana siguiente, la escotilla se abrió de golpe y el rostro de un guardia apareció en la pequeña ventana.

—¿Uno nuevo? —dijo la cara cuadrada—. Dime, ¿eres tú el que le disparó a la chica a tres manzanas de aquí?

—No —dijo—. ¿Está muerta?

—No podría estar más muerta. Le metió tres tiros. Supongo que nuestro asesino está más abajo.

La escotilla se cerró de un golpe. John agarró a Dirk por el brazo.

—¡Está muerta! —susurró—. ¡Lo hizo! ¡Está muerta!

—¿Una traidora?

—Sí. Docenas de vidas dependían de esto.

—Entonces me alegro por ti.

—Pero tienen a mi amigo, el tipo que lo hizo. Debe estar en esta misma ala. ¡Tienen a Robert!

—¡Dios se apiade de él! —susurró Dirk gravemente.

Hacia las diez vino a buscarlo el guardia. Dirk le había dado algunos consejos. ¡Miente sin ruborizarte! Es por una buena causa. Pero miente con inteligencia y solo cuando sea necesario. Jura si es necesario. No niegues nada con demasiada vehemencia. Todo en el mismo tono de voz. Si es posible, confiesa alguna cosa menor; podría satisfacerles. No temas que te peguen. Al cabo de un rato, apenas lo notarás.

Detrás de una mesa había tres alemanes. El del medio era un hombre barrigón y canoso, y a su izquierda estaba sentado el hombre de voz áspera que había recogido a John. El tipo tenía un aspecto demacrado y ceniciento, pero sus ojos eran duros y despiadados.

El guardia fue despedido. Un soldado entró en la habitación y se colocó junto a John. Era un joven corpulento, de cuello grueso y manos carnosas.

John tuvo que dar su nombre. Luego su lugar de residencia, Meppel. No hablaba alemán, pero lo entendía un poco.

—Si eres de Meppel, ¿qué hacías en Ámsterdam? —preguntó el intermediario.

John repitió lo que había dicho el día anterior. Buscaba a su hermana.

—¡La verdad! —gritó su interrogador. El hombre de voz ronca asintió al soldado. De repente, John cayó al suelo. Las botas del soldado lo golpearon en la cadera y en las costillas, un gran puño le dio en un lado de la cara y luego lo volvieron a poner de pie.

—¿Te haces a la idea? ¿Qué hacías en Ámsterdam?

—Mi hermana —volvió a decir y se preparó para otro golpe. Temblaba de rabia. En su mente, vio cómo el soldado salía despedido por encima de la mesa. Sería muy fácil, pero tuvo que contenerse. Solo era un chico del campo que buscaba a su hermana.

—¿Para qué querías a tu hermana?

—La estaba buscando. Se escapó de casa.

—¡Entonces! ¿Y por qué huyó?

—Se escapó con un soldado alemán. Se supone que está en Ámsterdam. Creí haberla visto cabalgando.

—¿Cómo se llama?

—Tricia —dijo—. Tricia Van der Sloep.

—¿Seguro que no estás cometiendo un error?

—¿Un error? No.

—¿No se llamaba... Sylvia?

«Se llamaba», había dicho. Tiempo pasado. ¡Así que estaba muerta!

—No, mi hermana se llama Tricia.

El mediano suspiró pesadamente, se encogió de hombros, miró al hombre de voz ronca y prosiguió.

—¿Fuiste miembro de un escuadrón de ataque?

—¿Un escuadrón de ataque?

El gordo alemán sonrió.

—Sí —dijo el soldado a su lado—. ¡De ataque!

De nuevo John se encontró en el suelo. Tenía toda la mejilla entumecida. Aun así, consiguió controlarse.

—Ahora, escuchen —dijo, poniéndose de pie ante los hombres de la mesa. Podía oír que su voz estaba tranquila y fría—. Si me pegan una vez más, no les diré ni una palabra más. Pueden estar seguros. Siempre pensé que los alemanes eran gente civilizada. No he hecho nada y pronto tendrán que dejarme marchar. Y entonces pueden contar con ello, ¡sé dónde ir para presentar una queja!

Lo notó con satisfacción. El viejo miró a Voz Rasposa y le susurró algo al oído. Luego le dijo al soldado:

—Coge al 594.

El soldado se marchó. Los tres hombres de detrás de la mesa volvieron a sentarse a fumar. John se quedó esperando. El cuerpo le palpitaba en varios puntos y cada latido de su corazón retumbaba en su cabeza. La sangre le corría por la barbilla, pero no se la limpió. Una agradable tranquilidad se apoderó de él, casi una tranquilidad sublime. Pensó en el texto que había leído el abuelo Meyer, y que nunca había llegado a comprender: «Ningún arma forjada contra ti prosperará...».

¡Qué promesa! ¡Qué maravillosa promesa de Dios! Podían hacer lo que quisieran, pero no podían tocarlo. Su ser, su ser más profundo, nunca podrían tocarlo. Tampoco podrían quitarle nunca esta paz.

Un sollozo de agradecimiento brotó de su garganta, un sollozo que se convirtió en carcajada.

—¿Qué pasa? —preguntó el gordo interrogador.

John no contestó. De todos modos, no podía explicárselo a nadie, pero desde luego no a aquel alemán.

La puerta se abrió. Alguien estaba siendo arrastrado entre dos soldados. ¿Un enfrentamiento? John se dio cuenta de que el hombre de voz ronca no le quitaba ojo de encima. Así que fijó una expresión inexpresiva en su rostro. No reconocería a nadie. Y era difícil reconocer a Robert en la maltrecha e hinchada criatura que tenía delante. Pero Robert se enderezó, orgulloso y distante. Sus ojos, fijos en los de John, eran tan duros y fríos como lo habían sido los de Sylvia.

—Mírense —dijo innecesariamente el gordo—. ¿Le conoces?

—No —dijo Robert—. Nunca lo había visto.

—¿Y tú?

—¿Y yo qué?

—¿Eres sordo? ¿Le conoces?

—¿De dónde se supone que lo conozco? Es la primera vez que le veo.

—Lléveselo —dijo el alemán. De repente golpeó la mesa con el puño y gritó—: ¡Sáquenlo de aquí! ¡Cerdos! Mentirosos.

Rápidamente fueron empujados al pasillo, cada uno por un soldado diferente. Luego los condujeron a las escaleras en fila india. A Robert le costaba caminar, así que el guardia de John le empujó para que pasara junto a él. Le miró de reojo. Por un momento los ojos de Robert se encontraron con los suyos; pasaron por encima de él y luego miraron al frente. No, no se habían reconocido. Pero cada uno había saludado al otro en su corazón.

Dirk se quedó junto a la puerta esperando. Lo tumbó en la cama y le lavó la cara con suavidad. John reía y lloraba.

—¿Cómo te ha ido? —preguntó Dirk.

¡Genial! —dijo—. Dime, ¿conoces el versículo, «Ningún arma forjada...»

—«Contra ti prosperará».

—¡Más!"

—«Y condenarás toda lengua que se levante contra ti en juicio», Isaías 54. Te lo leeré dentro de un rato. Tengo una pequeña Biblia conmigo.

Le dejaron solo durante tres días. Entonces, una vez más, el guardia vino por él. Temía lo que le esperaba y oró en silencio mientras seguía al guardia por el pasillo. Esta vez el hombre de voz ronca no estaba allí. En su lugar había una taquígrafa uniformada, una rubia de hombros anchos que habría sido guapa de no ser tan pesada. Tenía los ojos duros de un hombre. Sin embargo, el ambiente era diferente, menos hostil.

Una fotografía fue arrojada sobre la mesa frente a él.

—¿Lo conoces? —el tío Henry.

—No. Me temo que no.

—¿Qué hay de él? —Pete.

—No. Él tampoco.

Luego siguieron fotos de Angie y la tía Nellie. No, no. Todas desconocidas. No conocía a ninguna de ellas. Parecía ir bien.

Luego vino una gran foto de Sylvia. Así se había sentado ella a mirarle en el hospital: fría, imperial, con una leve sonrisa que nunca le llegaba a los ojos.

Había dudado.

—¡Ja, la conoces!

—No —dijo con calma—, pero es muy guapa. Podría mirarla todo el día.

—¿No es... tu hermana?

—¿Mi hermana? Yo diría que no. Mi hermana no es tan guapa. Es una chica de granja normal. No es que sea fea; es una chica guapa. Mi madre le dijo...

El hombre cortó sus palabras poniéndole otra foto delante de las narices, boca abajo.

—¡Mira bien! Este lo conoces —dijo con una sonrisa, como si por fin hubiera atrapado a John en una mentira. Le dio la vuelta a la foto.

—¿Lo conoces?

John se había impedido decir que no. Era su propia foto, tal como había aparecido en el boletín de la policía junto a la de su padre.

—¡Vaya, soy yo! —grité, como sorprendido. En un instante se había dado cuenta de dos cosas: No podía negar estar al corriente de esto, pero tampoco era muy grave. Los desviaba de la investigación original.

Los dos hombres se sentaron detrás de la mesa con sonrisas triunfantes.

—¡Nos has mentido! —dijo el otro hombre con voz aguda y carrasposa. Era la primera vez que John le oía hablar. Tal vez estaba acomplejado por su voz.

—¿Te llamas John Van der Sloep?

—No, John De Boer.

Entonces le sonsacaron toda la historia del último día de la huelga general, remitiéndose al relato del boletín de la policía. Pero no les sirvió de cuerda para ahorcarle. Sostuvo que no tenía ni idea de por qué habían puesto su foto en el boletín. Claro, su padre había convocado una reunión en su casa y, sí, eso era ilegal en aquella época. Y su padre también había acogido a un piloto que se había resistido después de que huyeran. No, no se había entregado. Pero eso era porque había estado eludiendo el servicio militar obligatorio. Por fin les había dado un hueso para masticar, pero solo uno pequeño.

Por lo demás, culpó a su padre. Después de todo, había sido menor de edad. Esta era una táctica que todos en la resistencia aprendieron: una vez que alguien había sido condenado, echarle la culpa de todo. Nunca volvían a juzgar a un hombre ya condenado. Además, el padre estaba en Dachau de todos modos.

—¿Dónde está tu padre?

—No tengo ni idea —respondió—. Creemos que quizá le dispararon en algún sitio.

Podía irse. Sin golpes esta vez.

En el vestíbulo se encontraron con un funcionario que llevaba un montón de papeles. El hombre lo miró, y luego volvió a mirarlo, bruscamente. Era el guardia con el que una vez se había contactado para pasarle mensajes a su padre.

Cuando la puerta de su celda se cerró tras él y empezó a hablar con Dirk, se produjo un repentino alboroto en el pasillo, carreras y gritos, un alemán que juraba en voz alta y otro que declinaba toda responsabilidad.

Esa misma noche, la noticia recorrió las tuberías de celda en celda: un preso se había suicidado. Había saltado desde la escalera del tercer piso. Era el hombre que había matado a la chica.

Aquella noche John no pudo dormir. Volvió a ver el rostro maltrecho y los ojos fríos y duros tan sorprendentemente parecidos a los de Sylvia.

—Robert, Robert —pensó—. Tú fuiste su última víctima. Y te atrapó más que a nadie.

¿Había hablado en voz alta? De repente, Dirk se incorporó y habló.

—No se suicidó —dijo—. Lo mataron con la misma seguridad que si le hubieran disparado. Fue un acto de autopreservación. Alégrate de que haya salido de su miseria.

Al día siguiente se abrió la puerta de la celda y entró el oficial que John había visto en el pasillo el día anterior. Era un capitán de la guardia, recordó John. Cerró la puerta con cui-

dado y le tendió la mano. También parecía conocer a Dirk.

—Hombre —dijo en voz baja—, no podía
creer lo que veían mis ojos cuando de repente te
vi pasar. ¿Te has enterado? Tu padre fue enviado
a Alemania. Estaba de buen humor cuando se
fue. Escribe una carta y me encargaré de que
llegue. Volveré en quince minutos. No pongas
la dirección. Lo haré más tarde.

Con un pequeño lápiz suministrado por
Dirk, John imprimió rápidamente una nota
en un trozo de papel higiénico. Describía su
propio caso y mencionaba la muerte de Robert. Eso fue todo. Terminó enviando su amor
a mamá. Le dijo al capitán de la guardia que
se la entregara a Dick Vriend. Él sabría cómo
hacérsela llegar a William.

Una semana después, recibió la respuesta de
William. Tía Nellie había sido puesta en libertad. Como Sylvia no pudo testificar contra ella,
pudo mantener que era una simple casera y que
no tenía ni idea de lo que hacían sus huéspedes.

Angie había sido trasladada al campo de prisioneros de Vught, pero se habían trazado planes para ayudarla. Leo y William se habían unido a otro grupo, así que la lucha continuaba.

Unos días más tarde, sacaron a John de su celda y lo llevaron a otra habitación. Detrás de un escritorio estaba sentado un joven alemán, y en un rincón, la fornida taquígrafa rubia. El hombre tenía un rostro agradable.

—Buenos días, soy su asistente social —dijo—. Gruber es mi nombre.

El hombre era inusualmente amable. Habló del amor a la patria y de su respeto a la resistencia. Pero, dijo, en algún momento tenían que enfrentarse al hecho de que el juego había terminado, si querían conservar su honor. En realidad no eran enemigos, solo adversarios, así que tenían que comportarse como buenos deportistas. ¿No estaba John de acuerdo? Sí, por supuesto, completamente.

A pesar de la camaradería, John no estaba dispuesto a dejarse atrapar, y se atuvo a todo lo que había dicho antes. El hombre no parecía estar muy bien informado sobre su caso, pues no paraba de ponerse las gafas para mirar el dossier. Finalmente, lanzando un gran suspiro, tiró el expediente a un cajón y se levantó.

—No quiero cansarte —dijo, con afectada preocupación—. Hablaremos más mañana. Pero entonces habrá algunos cambios, mi joven amigo. Empezarás a decirme la verdad. Me estoy cansando de estos juegos de adolescente. Tu única oportunidad es ser absolutamente honesto conmigo. *Auf Wiedersehen.*

Mientras hablaba, pulsó un botón. El guardia entró y condujo a John de vuelta a su celda. Allí, Dirk le advirtió a John varias veces, con cara de ansiedad.

—¡Cuidado, John! Puede parecer despreocupado, pero este hombre es más peligroso que los otros. Una vez que se ha metido en tu expediente, te atrapará con una sola palabra, o con el tono de tu voz.

Pero la entrevista no se reanudó sino hasta tres días después. Gruber se disculpó amablemente por no haberle contestado antes. Se había tomado un par de días libres, le explicó. Alguien había llevado un auto a Osnabruck, su ciudad natal, y él no había podido resistir la tentación de acompañarlo.

¿John había estado alguna vez allí? No, nunca. Debería. Después de la guerra. Le gustaría. Y luego habían derivado en una larga charla sobre la provincia natal de John, Drenthe, comparándola con el país alrededor de Osnabruck. Por un momento John olvidó por qué estaba allí. Solo le salvó la persistente fuerza de la advertencia de Dirk. ¡Cuidado! ¿Había revelado algo sin saberlo?

—Sobre tu caso. Conoces a ese amigo pelirrojo tuyo, William. ¿Es ese su nombre?

Pero John no mordió. ¿Qué era eso? ¿Un pelirrojo? No, no recordaba a ningún pelirrojo con ese nombre. No, su padre solo había dado cobijo a un piloto, y no era pelirrojo. Además, el tipo había muerto en el incendio, o eso le habían dicho.

Durante una hora, el hombre lo interrogó sobre William y Pete, y luego sobre Sylvia y Angie. Reprimió su júbilo al ver que la frustración crecía en los ojos de su interrogador. «Lo tengo en jaque mate», pensó John.

La puerta se abrió y otro agente asomó la cabeza por la esquina.

—¿Sigues con eso? —preguntó su colega—. ¿Se te ha olvidado? El champán ya está en hielo.

Gruber tiró el dossier al cajón, se levantó de un salto y se dirigió a la puerta. Se detuvo con la mano en el pomo.

—La taquígrafa llamará a un guardia para que le lleve de vuelta a su celda cuando termine —dijo—. *Auf Wiedersehen.*

Se había ido. La taquígrafa hizo lo que le había ordenado su jefe. Primero terminó lo que estaba haciendo y recogió, y luego llamó al guardia. Al salir, miró a John con descaro y desprecio, como para demostrarle que no tenía el menor miedo de quedarse a solas con él.

No lo había planeado; se había puesto en marcha antes de pensarlo. En cuanto la mujer rubia cerró la puerta, se dirigió al otro lado del escritorio, abrió el segundo cajón de la izquierda y cogió su expediente. Cuando volvió a sentarse en la silla, ya lo tenía bien metido bajo la camisa. Solo entonces empezó a acelerársele el pulso. El gran retrato de Hitler en la pared no había visto nada. Tuvo diez segundos para serenarse antes de que se abriera la puerta.

Fingiendo indiferencia, se levantó lentamente y siguió al guardia. En realidad, tenía ganas de dar volteretas por el pasillo. Cuando volvió a la celda, abrazó a Dirk. Mientras Dirk permanecía de pie frente a la mirilla, John leyó rápidamente todo lo que había en su expediente. De todos modos, Gruber estaba fuera bebiendo champán. En el expediente estaba todo lo que Sylvia y los demás habían dicho de él. Angie no había dicho nada, pero Louis había soltado todo lo que sabía. No había ni una palabra sobre el tiroteo del puente del Isela. No es que le sorprendiera. Si no, seguramente le habrían preguntado. Pero ¿cómo se le había olvidado a Sylvia mencionar lo que le había llevado al hospital durante tantos meses?

Sin embargo, el problema inmediato era qué hacer con el expediente.

—Cómetelo —dijo Dirk—. Dame unas cuantas hojas. Me encanta el papel. Es como la tarta de cerezas sin las cerezas.

—No, mejor déjalo —dijo John—. Mi estómago está en mejor forma que el tuyo. Puedes comerte mis sobras.

No se parecía en nada a la tarta de cerezas, pero se obligaba a tragar todo lo que contenía información que pudiera perjudicarle. El resto lo tiró directamente al cubo de la basura. Aquella noche le dolió mucho el estómago, pero se consoló sabiendo lo que había conseguido.

Después de esto, John se quedó solo. Los alemanes trabajaban sistemáticamente, guardando todo en expedientes y fichas. Solo los casos registrados en papel eran objeto de atención, por lo que el caso de John cayó en el olvido. A pesar de su preocupación, parece que Gruber también se había olvidado de él.

Los días se hacían más largos y el sol calentaba más. A veces se quitaban las camisas y se turnaban para permanecer de pie en una estrecha franja de sol que les ayudara a mantener la salud y la fuerza. Esta era una de las principales preocupaciones de Dirk. Tampoco se saltaba nunca sus ejercicios matutinos.

A principios de mayo, Dirk fue embarcado repentinamente hacia Alemania. Cuando se marchó estaba muy animado y legó todas sus posesiones a John: el talón del lápiz, una cuchilla de afeitar que utilizaba introduciéndola entre las púas de un tenedor y su trozo de cuerda con todos sus trucos escritos en un papel. Se habían cogido mucho cariño, pero disimularon el dolor de la despedida con bromas y risas.

Prometieron buscarse después de la guerra y juraron mantener su amistad el resto de sus vidas.

Aquella tarde deslizaron por la escotilla dos latas de comida, como de costumbre. Al parecer, el nombre de Dirk aún no había sido tachado de la lista de la cocina. Pero John se mordió la lengua. Había superado su malestar por la comida de la cárcel. Con la escasa dieta de la prisión, estaba agradecido por la porción extra. ¡Nabos! Ahora le gustaban los nabos casi tanto como a Dirk. Lamió las dos latas.

Echaba de menos a Dirk. Habían jugado juntos a las damas, habían orado juntos y se habían lavado la espalda mutuamente. Sin embargo, también le había enseñado a John a sobrevivir solo. Veterano carcelero, podía comunicarse con otros presos a través del radiador y las tuberías de agua. Era capaz de evaluar los rumores que pasaban de una celda a otra. Se hablaba constantemente de la invasión; la fiebre invasora cundía incluso dentro de la prisión. Con su tenedor, John hizo un pequeño agujero junto a la escotilla para poder mirar hacia el pasillo. Esto le proporcionó muchas horas de diversión.

Lo que había sido el mayor temor de Dirk era ahora el suyo: las represalias. Aunque su expediente había sido destruido, su nombre seguía figurando en la ficha de la prisión. ¿Le enviarían a él también a un campo alemán uno de estos días? ¿O la invasión llegaría finalmente este año?

Una pareja de carboneros estaba construyendo un nido en algún lugar de la prisión. No podía ver exactamente dónde, pero los pájaros pasaban volando todo el día por delante de la ventana de su celda cargados de plumas y paja.

—Cuando lleguen las crías —se dijo—, llegará la invasión.

Un par de semanas después, los dos carboneros volaban con insectos y gusanos. ¡Las crías habían salido del cascarón! Pero no había señales de invasión. Mientras tanto, habían metido en la celda con él a un traficante del mercado negro. Su nuevo compañero de celda era un hombre irritable que actuaba como si fuera el dueño del lugar. Pero no se quedó mucho tiempo. Le sustituyó un tipo joven, incluso más joven que John, que había sido detenido por actividades ilegales, es decir, por ayudar a la resistencia. Ahora John era el veterano que podía ayudar y consolar al recién llegado, como Dirk había hecho una vez por él.

Los carboneros ya no pasaban volando. Las crías ya habían volado solas. El seis o el siete de junio —había perdido la noción de la fecha exacta— corrió por las cañerías la noticia de que los Aliados habían llegado a Roma. Esa misma noche llegó la noticia de que la invasión finalmente había sido lanzada. Como experimentado cribador de rumores carcelarios, John llegó a la conclusión de que lo primero era probablemente cierto y que lo segundo no era sin duda más que otro rumor.

Después de apagar las luces, la puerta de la celda se abrió de golpe y se encendió la luz. En la puerta había un extraño alemán vestido con uniforme militar, con una granada colgando del cinturón y la insignia de las *SS* en la manga. En la mano llevaba una lista de nombres.

—¿De Boer?

—¿Sí?

—Ven con nosotros. Coge toda tu ropa. ¡Muévete!

—¿Transporte? —preguntó John.

—¡Solo muévete! —repitió el soldado—. Tienes cinco minutos.

John se vistió en un santiamén. ¡Transporte! El campo de concentración. Era aterrador, pero también emocionante: el miedo se mezclaba con la esperanza y la expectación. Sentiría el aire fresco, vería el cielo nocturno, tal vez gente en la calle. Miró a su compañero de celda. Seguía durmiendo. Era capaz de dormir de un tirón. Pero era un buen tipo y no estaba acusado de nada grave. Saldría de esta sin demasiados problemas. John le dejó dormir y dejó el lápiz y el cordel en la mesita plegable de la pared. La hoja de afeitar por fin se había roto.

¡Adiós, celda! Extraño, casi se había encariñado con el pequeño y estéril espacio. Allí estaba de nuevo el soldado. Unos veinte hombres se habían reunido en el pasillo. Un murmullo recorrió la fila.

—¡Silencio!

John estaba al final de la fila, junto a un anciano que llevaba una gorra en la cabeza vendada. Delante de la prisión había un camión de lona. Los hicieron subir con un mínimo de palabras y una generosa ración de patadas y golpes. El portón trasero del camión era alto y John se detuvo para darle un empujón al viejo. Este, a su vez, recibió un empujón de uno de los soldados, con la punta de la bota.

Se deslizó hasta el extremo del banco más cercano a la parte trasera del camión, donde podría disfrutar del aire fresco. Un soldado alemán saltó al camión y le dio un codazo a John para que le hiciera sitio. Refunfuñando, toda la fila se deslizó hacia abajo para ellos. Otro alemán ocupó el asiento del extremo en el banco opuesto. Luego un tercero se arrastró por el portón trasero y, maldiciendo y pateando las piernas, se dirigió a la parte trasera de la cabina, donde se sentó entre las dos filas de prisioneros y de cara al extremo abierto del camión. Había cinco soldados, pero dos iban delante con el conductor.

Empezaron a salir de la ciudad. John conocía bien Ámsterdam y reconocía cada curva y cada calle. Cuando cruzaron el puente Berlage, supo que se dirigían a Amersfoort: ¡no eran buenas noticias! Era un campo duro, incluso peor que el de Vught.

El soldado que estaba a su lado tosió y escupió sobre el portón trasero. ¿Qué hora era? ¿Le engañaban sus ojos o el horizonte oriental empezaba a palidecer? ¿Verían el amanecer? Se rió de sí mismo. ¡Emocionado por ver el amanecer!

El camión rugió a lo largo de la áspera carretera, y el cuerpo del gran alemán se balanceaba con cada bache. El hombre apoyaba los brazos y la barbilla en la culata de su fusil, que tenía apoyado entre las rodillas. El aire frío de la mañana soplaba en la parte trasera del camión. John se estremeció.

Cuando llegaron a Amersfoort, aún estaba bastante oscuro. Atravesaron la ciudad sin apenas aminorar la marcha. Se oyó un murmullo entre los prisioneros. El camión no había girado en la carretera que llevaba al campo.

—¡Silencio! —gritó el soldado sentado contra la cabina, golpeando el suelo del camión con la culata de su fusil. Y todo el mundo volvió a guardar silencio.

Entonces tomaron una carretera que se adentraba en la zona poco poblada del Veluwe. Pronto aparecieron paisajes escarpados a ambos lados. ¿Adónde se dirigían? No podían llevarlos en camión hasta Alemania, ¿verdad? Pero entonces, ¿por qué los traían aquí, a esta campiña desierta? ¿Para ejecutarlos?

El corazón de John se contrajo de miedo. ¡No podían hacer eso! No era justo. ¡Ni siquiera le habían juzgado! Además, el suyo no era un caso grave. Incluso Dirk había pensado que lo soltarían pronto. El pánico le aceleró la respiración. Intentó estudiar los rostros de los demás prisioneros, pero aún estaba demasiado oscuro. Susurraban. Intuyó que habían llegado a la misma conclusión que él.

«Uno de nosotros debe sobrevivir...». El padre estaba en un campo de concentración alemán. Tal vez nunca volvería. De hecho, sería un milagro si lo hiciera. Así que él, John, tenía que sobrevivir. Tenía que cuidar de su madre y de los niños.

¿Debería? ¿Qué posibilidades tenía? Con el rabillo del ojo, estudió al soldado que tenía al lado. Encorvado sobre la culata de su fusil, parecía dormido. La cara del soldado que tenía enfrente estaba oculta por la sombra de la capota del camión, pero él estaba tumbado en su rincón.

¿A qué velocidad iba el camión? ¿Cuarenta... cincuenta kilómetros por hora? Podía romperse el cuello. Más le valía admitirlo: ¡tenía miedo! Pero, ¿qué podía perder? Morir ahora o dentro de una hora, ¿qué más daba?

Juntó los pies bajo el banco, con todos los músculos enroscados y tensos. Se inclinó ligeramente hacia delante para mirar por el extremo del camión. En el tenue resplandor del amanecer, apenas podía distinguir las formas de los árboles y, más allá, la sombra oscura de un bosque. ¿Qué estaba esperando? Era un lugar ideal. Rueda con el camión y protégete la cabeza, se dijo a sí mismo. Podía moverse rápido; había aprendido a caer. Sus lecciones de judo le serían útiles. Al saltar, tendría que girar para rodar hacia delante. ¿Qué otra cosa podía hacer? ¿Por qué dudar?

«Dios dame fuerzas, dame valor», oró. «Trae a uno de nosotros a casa». Entonces saltó pasando al soldado y, al hacerlo, supo que había calculado bien el momento. Sus pies golpearon la carretera y cayó hacia delante, rodando una y otra vez detrás del camión.

Luego se quedó quieto. Estaba consciente. Le dolía todo el cuerpo, pero podía levantarse. No se había roto nada. Empezó a correr alejándose de la carretera. Una zanja le hizo tropezar y cayó al agua. Se levantó y se encontró entre los pinos. Solo entonces oyó un disparo y el derrape de los neumáticos.

Pero ya estaba bien metido entre los árboles; el bosque se lo tragó en su oscuridad misericordiosa. Más disparos, pero ninguno cerca de él. Se topó con unos densos matorrales que casi le detienen, atrapándole la ropa. Entonces recordó un truco de la infancia: cayendo sobre manos y rodillas, empezó a arrastrarse por los senderos de conejos. Por un momento extraño y confuso, estaba jugando con su hermano en los matorrales cercanos a la casa de su infancia. Entonces oyó voces detrás de él, no de niños, sino de soldados alemanes. Más disparos. Tal vez los otros prisioneros también estaban huyendo.

De repente, salió de entre los árboles. Corrió, tropezando, por un campo arado. Las piernas y el aire le fallaban. Llevaba demasiado tiempo encerrado. Otra zanja. No tenía fuerzas para intentar saltarla, así que se metió en el agua y la vadeó. El agua le reanimó un poco. Atravesó un campo y entró en otro, hundiéndose en la tierra arada, metiéndose entre los hilos de una alambrada de espino tras otra.

Tras atravesar tambaleándose otro campo de avena joven, llegó a la orilla de un pequeño canal y se desplomó en la hierba, con el corazón latiéndole como si fuera a estallar. No podía dar un paso más.

Pero mientras yacía mirando al cielo, jadeante, el olor de la tierra, de la hierba y de la joven cosecha le llenó de una alegría que no había conocido en mucho tiempo. Sacó un puñado de la hierba alta y frondosa y se lo acercó a la nariz. Cogió un tallo de acedera del puñado, se lo metió en la boca y lo masticó, como había hecho de pequeño en Drenthe. ¡Drenthe! Don-

de esperaba mamá. Aún estaba vivo. Había sobrevivido. Era libre de nuevo. ¡Uno de nosotros
debe sobrevivir!

Tres vacas estaban en la otra orilla del canal
mirándole fijamente, con las cabezas bajas sobre el agua. ¡Alguien se acercaba por el prado!
John se metió en el canal y se arrastró por la
orilla, pero las vacas le siguieron, resoplando y
soplando. El hombre las llamaba:

—¡Hoyo, hoyo! Aquí, muchacha —en un
son cantarín, como todo granjero sajón llama
a sus vacas. Alcanzó a sus vacas y se paró en la
hierba, al borde del agua, mirando a John.

—¿Qué hace ahí dentro? —preguntó sorprendido—. ¿Quién es usted?

El hombre parecía más entretenido que
alarmado. John intentó trepar por la orilla,
pero no tuvo fuerzas. El hombre le cogió de la
mano y tiró de él.

—¡Ah, ahora lo veo! Huye de los alemanes,
¿eh? ¡Ai-yai-yai, hombre! ¿Qué le han hecho?
¡Está cubierto de sangre!

—El camión... —jadeó John—. Salté...
del camión... Intentaron dispararme.

—No le habrán dado, ¿verdad? —preguntó
el hombre con ansiedad, mirándolo de arriba
abajo—. ¡Creo que oí los disparos! Justo antes
de salir a ordeñar, le dije a mi mujer: «¡Vaya,
eso parecen disparos! Pues venga conmigo. Mi
mujer puede curarlo. Las vacas tendrán que esperar un poco.

Cogió a John del brazo y le ayudó a cruzar
el prado, con las vacas pisándoles los talones.
Atravesaron una verja y cruzaron un camino de
tierra que bordeaba un denso bosque. Los pájaros trinaban y gorjeaban, y un zarapito salió
de entre los árboles cantando jubilosamente.
El hombre siguió charlando. Era maravilloso
oír a un ser humano corriente hablar de cosas
normales y corrientes. Pero también habló de
la guerra.

—Sí —dijo—, ¡seguro que será un alivio
cuando acabe esta miserable guerra! Pero como

le decía a mi mujer, ¡no debería durar mucho más, ahora que ha llegado la invasión!

—¿Qué? —John se detuvo—. ¿La invasión? ¿Cuándo? ¿Dónde?

—Oh, empezaron a desembarcar hace un día o así, supongo —dijo el granjero—. En algún lugar de Francia. ¿Cómo lo llamaron? Normandía. Eso está en Francia, ¿no? El profesor de mi hijo dice que los aliados perdieron muchos hombres, pero que poco a poco están haciendo retroceder a los alemanes.

¡La invasión! Finalmente, de verdad. ¡Será mejor que hagan retroceder a los alemanes! Todos esos años de espera, las promesas, los preparativos. ¿Estaban sus pruebas finalmente llegando a su fin? ¡El nuevo día! ¡Finalmente, el nuevo día iba a llegar!

Salieron del bosque. El granjero se detuvo.

—Ahí está mi granja —dijo señalando—. ¡Y mire eso!

En el horizonte, detrás de su granja, el cielo estaba inundado de naranja de un extremo a otro. En el centro, donde pronto aparecería el sol, había un resplandor brillante. El sol aún estaba detrás del horizonte, pero el cielo estaba luminoso con la promesa de su llegada. El campo parecía contener la respiración.

Nadie podía detener el curso del sol, y nadie podía detener el curso de la justicia de Dios… ni siquiera Hitler.

MAR DE FRISIA

GRONINGA

Delfzijl

Harlingen

Leeuwarden

Groninga

Kornwerderzand

Wons

FRISIA

Dique Exterior

Assen

DRENTE

HOLANDA
DEL
NORTE

LAGO
ISELA

Meppel

MAR DEL
NORTE

Kampen

Zwolle

Ommen

Hattema

OVERIJSSEL

Haarlem

Amsterdam

Deventer

Leiden

Amersfoort

Apeldoorn

La Haya
Scheveningena
Ockenburg

HOLANDA

Utrique

GÜEL-DRÉS

Ypenburg

DEL SUR

UTRIQUE

La Esquina
de Holanda

Delft

Rotterdam

río Rin Superior

Arnhem

Waalhaven

Dondrecht

río Waal

Nimega

río Mosa

ZELANDA

Moerdijk

Vught

río Rin

Breda

BRABANTE

Midelburgo

Tilburg

DEL NORTE

Duisburgo

Essen

Zelanda-Flandes

Eindhoven

río Mosa

Amberes

LIMBURGO

Düsseldorf

Gante

BÉLGICA

Mastrique

Colonia

Bruselas

ALEMANIA

El Cántaro Institute es una organización evangélica reformada comprometida con el avance de la cosmovisión cristiana para la reforma y renovación de la iglesia y la cultura.

Creemos que a medida que la iglesia cristiana regresa al manantial de las Escrituras como su autoridad máxima para todo conocimiento y vida, y aplica sabiamente la verdad de Dios a cada aspecto de la vida, su actividad misiológica resultará no solo en la renovación de la persona humana, sino también en la reforma de la cultura, un resultado inevitable cuando el verdadero alcance y naturaleza del evangelio se dan a conocer y se aplican.